Alt-Leipziger Gaststätten auf Postkarten

Herausgegeben von Dieter Valentin
und Ralf Zimmermann

Alt-Leipziger Gaststätten auf Postkarten

64 Chromolithografien

VEB E. A. Seemann Buch- und Kunstverlag Leipzig

*Die ausgewählten Ansichtskarten
stammen aus der Sammlung von Dieter Valentin, Leipzig,
der sie dem Verlag freundlicherweise
zur Verfügung stellte*

Alt-Leipziger Gaststätten auf Postkarten
hrsg. von Dieter Valentin –
1. Aufl. – Leipzig: E. A. Seemann Verl., 1989
108 S.: 64 Ill. (farb.); 18 × 12 cm

ISBN 3-363-00421-4

Veröffentlicht unter
Lizenz-Nr. 460. 350/23/89 LSV-Nr. 8124
Gestaltung: Hans-Jörg Sittauer
Gesetzt aus »Leipziger Antiqua«
Gesamtherstellung: INTERDRUCK,
Graphischer Großbetrieb Leipzig,
Betrieb der ausgezeichneten Qualitätsarbeit, III/18/97
Printed in the German Democratic Republic
Best.-Nr. 505 958 3
01980

Vorbemerkungen

Es war nicht einfach, dieses Buch über Leipziger Gaststätten der Jahrhundertwende zu schreiben. Zum einen gibt es meist nur spärliche, ja oft überhaupt keine Unterlagen zu den hier abgebildeten Etablissements. Zum anderen sind jene Nachrichten der damaligen Zeit angepaßt und entsprechen offenbar nicht immer ganz den Realitäten. So kommen Übertreibungen und manchmal sogar kleine Unrichtigkeiten in dem alten Quellenmaterial vor. Dennoch konnten wir aus »Woerl's Illustriertem Führer durch Leipzig und Umgebung«, aus »Die Häusernamen von Alt-Leipzig« sowie den Schriften des Verkehrs-Vereins Leipzig zahlreiche und wichtige Anregungen für unser kleines Werk gewinnen. Weiterhin haben uns die Leipziger Adreßbücher von 1890 bis 1920 gute Dienste bei der Arbeit geleistet. Von der neueren Literatur sind uns die beiden Hefte »Geschichte der Leipziger Gastronomie« und »Leipziger Kulinarien, Heft 2« hilfreich gewesen. Zudem konnten wir hier und da aus den Speisekarten heute noch existierender Lokalitäten Hinweise über die Historie der jeweiligen Häuser erhalten. Für Hilfe bei unseren Recherchen sei an dieser Stelle Frau Ursula Walter sowie den Herren Kurt Valentin, Burghardt Klingenschmid und Harry Todtenberg herzlich gedankt. Weiterhin möchten wir all den vielen, hier nicht namentlich genannten Leipzigern unseren Dank aussprechen, ohne deren Ratschläge das Büchlein nicht in dieser Form hätte erscheinen können.

Chromolithografische Ansichtskarten, die um 1900 als Auftragswerke für die Gastwirtschaftswerbung entstanden sind, bilden den Gegenstand dieser Publikation. Sie wurden aus einer Leipzig-Sammlung wegen ihrer besonderen, im heutigen Sprachgebrauch mit »exquisit« zu bezeichnenden Qualität ausgesucht. Diese Karten entstanden zu einer Zeit, als sich die kommerzielle Nutzung der Lithografie auf ihrem Höhepunkt befand, doch dabei zugleich auf die Güte der Produkte geachtet wurde. Wir haben somit gebrauchsgrafische Meisterwerke von besonderem Schauwert vor uns, die in ihrer subtilen Gestaltung von großem optischem Reiz sind. Sie zeugen zudem vom Können der Farbdrucker um die Jahrhundertwende. Diese für einen bestimmten Zweck geschaffenen Karten sind in sehr kleinen Auflagen erschienen, die in der Regel nur in den abgebildeten Etablissements zum Verkauf gelangten, so daß jede Karte heute einen außerordentlichen Seltenheitswert besitzt. Wenn an 64 ausgesuchten Beispielen das gastronomische Leipzig aus der Zeit um die Jahrhundertwende vorgeführt wird, so berührt die nähere Beschäftigung mit diesen Chromolithografien gleichermaßen Stadt-, Kunst-, Post- und Gastronomiegeschichte.

Waren einst die Gasthäuser Stätten wichtiger Zusammenkünfte und Begegnungen, zufälliger Bekanntschaften oder verschwiegener Rendezvous (dafür gab es in den Ausflugslokalen herrliche Laubenplätze), besteht heute manchmal die Gefahr, daß Tischpartnerschaft unter der Losung »Sie werden plaziert!« nicht mehr vom eigenen Interesse abhängt, sondern vom Kellner verordnet ist. Dennoch ist die Gaststätte im Kommunikationssystem städtischer Siedlungsweise auch in unserer Gegenwart eine wichtige Instanz geblieben, deren Wert verstärkt zur Kenntnis genommen wird, wie sich auch die Verfasser durchaus zu diesem Wert bekennen möchten. Beim Durchblättern dieses Bändchens wird man feststellen, daß zahlreiche der hier wiedergegebenen Leipziger Gaststätten nicht mehr vorhanden sind. Einige Gebäude mußten einer teilweisen »wilden« Stadtbebauung in der Zeit nach 1900 weichen, zahlreiche andere wurden Opfer der Zerstörungen im zweiten Weltkrieg. Wieder andere Einrichtungen verwandelte man infolge der Kriegsauswirkungen zu dringend benötigtem

Wohnraum oder zu Kinderbetreuungseinrichtungen um. Doch geblieben ist das Bewußtsein, daß die heutigen, durch modernes Bauen vorgegebenen Wohnstrukturen der Gaststätten innerhalb ihrer Gestaltungs- und Angebotsvielfalt unbedingt bedürfen. Was die kunsthistorischen Gesichtspunkte bei den Postkarten betrifft, so bieten sich unterschiedliche Ansatzpunkte der Betrachtung. Anregung dazu sei im folgenden gegeben. Beispielsweise könnte man geradezu von einer »Ikonographie« der Gaststättenkarte sprechen. Nehmen wir etwa die Hopfendarstellung, die den Ausschank naturreinen Bieres verheißt. Ein »Radi« dazu ins Bild gesetzt, lädt die Darstellung zu zünftigem bayrischem Biergenuß ein. Auch die dünnhalsige flachbauchige Goseflasche hat ihre Verweisfunktion auf das Angebot der obergärigen Leipziger Trinkspezialität.

Auf fast jeder Karte finden sich Naturbezüge als Tierdarstellung, Laubgirlande oder Blumenstrauß (auf dem Bild mit dem Café Ziegler, Abb. 30, originell in die Tapete gesteckt). Nicht eindeutig ist dabei der immer wiederkehrende Wildrosenzweig mit Blüten und Früchten zu erklären. Handelt es sich um ein sinnfälliges Zitat, ein Künstlersignet oder nur um eine dekorative Zutat?

So ergibt sich also schon vom Inhaltlichen manche Frage. Was aber die formale Gestaltung betrifft, so zeugen zahlreiche florale Elemente und die dekorative Verwendung schwingender Linien vom Einfluß des Jugendstils. Zugleich erweist sich das Zueinander der perspektivisch erfaßten Räume als originelle formale Lösung, die uns die Karten heute als unbewußt entstandene Meisterwerke einer ganz eigenartigen Miniaturkunst erscheinen läßt.

Die Ansichtspostkarte steht als Bild-Träger in einer kunstgeschichtlichen und als Informationsmittler in einer postgeschichtlichen Tradition. Im Zusammenhang mit der Verwendung der Fotografie als Vorlage für die Ansichtskartenproduktion brachte dieser Doppelcharakter auch juristische Probleme mit sich. Es kam zum Streit darüber, ob es sich bei der Ansichtspostkarte um einen Industrieartikel handelt, wie etwa das Briefpapier, oder um ein Kunstwerk bzw. eine Reproduktion. Dem Argument, daß die Ansichtspostkarte auch unabhängig von ihrem Postzweck verwendbar ist – als

Zimmerschmuck zur Wanddekoration oder als Sammelgegenstand der Abbildung wegen – war nicht einfach zu begegnen. Besonders die Postkartenverleger haben sich für einen Schutz der Reproduktion eingesetzt, um eine Art Urheberrecht für ihre Verlage zu erlangen, denn die Freiheit der Reproduktion begünstigte die Industrie, die beliebte Motive »raubdrucken« konnte.

Ungeachtet der urheberrechtlichen Angelegenheiten müssen wir zwischen Künstler- und Kunstpostkarte unterscheiden: Das eine meint die vom Künstler eigens gestaltete Karte bzw. die Verwendung eines Entwurfs, z. B. eines Plakatentwurfs, auch für die Kartenherstellung. Es hat sich für diese Art Kunst neuerdings auch ein Begriff gefunden: Mail-Art. Die Kunstpostkarte dagegen zeigt in Reproduktionen Werke der Weltkunst. Nach dieser Unterscheidung müßten wir unsere Karten also als »Künstlerpostkarten« bezeichnen.

Die Darstellung von Gebäuden, Plätzen, Landschaften, überhaupt von Stadtansichten, hat ihre Vorgänger in der Vedutenkunst, der Prospekt- und Architekturmalerei bzw. -grafik. Die Ähnlichkeiten sind auffallend, so vor allem bei der Nutzung technischer Hilfsmittel; für Bernardo Belotto (gen. Canaletto) war es die camera obscura, die Zeichenkamera; die Ansichtskartengestalter verwendeten zumindest für die Außenansichten die fotografierte Vorlage. Auch die dadurch bedingte Zeichen- und Maltechnik weist eine gewisse Ähnlichkeit auf, führte doch die Gestaltung vom Umriß zum Bild. Daneben stehen offenkundige Unterschiede. Abgesehen vom nicht vergleichbaren Format entsprach die Herstellung farbiger Postkarten-Lithografien völlig anderen Produktions-, Distributions- und Rezeptionsverhältnissen. Dennoch handelt es sich auch bei diesen Postkarten, wie sich immer deutlicher zeigt, um Kunstwerke. Weitere Ahnen der Ansichtskarte, hinsichtlich der Technik wie auch der thematischen Vielfalt, sind die Bilderbögen, deren bekannteste Vertreter aus München und Neuruppin kamen: Ein Unterschied besteht hier allerdings in der Art der technischen Behandlung der Farben. Bei den Chromolithografien werden auch die Farben gedruckt, jede von einem besonderen Stein, während die Bilderbögen – zumindest in der Frühzeit – mittels Schablonen handkoloriert wurden.

Als Erfinder der Postkarte gilt unumstritten der österreichische Professor der Nationalökonomie Emanuel Hermann. Sein Vorschlag für ein Dienstleistungsangebot der Post, briefliche Mitteilungen auf einer »Correspondenzkarte« zu geringerem Porto als für Briefe zu besorgen, fand Zustimmung und wurde ab 1. Oktober 1869 in den Ländern der österreichischen Monarchie in die Tat umgesetzt. Einen der österreichischen Erfindung ähnlichen Gedanken trug 1868 der Leipziger Buchhändler Pardubitz gemeinsam mit einem Berufskollegen einem Gremium der Postverwaltung zur Begutachtung vor, freilich ohne Erfolg. Übrigens kam dieser Pardubitzsche Vorschlag der Schreibfaulheit sehr entgegen, denn die Informationen waren schon vorformuliert.

Am 1. Juli 1870 erfolgte die Einführung der Postkarte als »Correspondenzkarte«, wie sie bis zum 1. April 1872 hieß, in den Ländern des Norddeutschen Bundes, in Bayern, Baden und Württemberg. Als erste Bildpostkarte gilt die vom Hofbuchhändler Schwarz aus Oldenburg verschickte Korrespondenzkarte, die der Absender auf der Anschriftsseite mit einem Klischeeabdruck veredelt hatte, darstellend einen Kanonier, der neben der Kanone steht. Geschehen am 16. Juli 1870. Ein Jahr später soll der Serbe Peter Manojlovic eine mit handgemalter Darstellung verzierte Karte auf den Weg geschickt haben. Die ersten Ansichtskarten, bei denen die Vorderseite mit der Anschrift der Post gehört und die Rückseite mit einem Bild versehen ist und die briefliche Mitteilung trägt, scheinen die 1872 vom Nürnberger Kupferstecher F. Rorich kreierten Karten zu sein. Es ist übrigens kein Widerspruch, von brieflichen Mitteilungen auf Postkarten zu sprechen. Das Wort Brief ist dem Lateinischen entlehnt (breve: kurz) und meint den Ersatz einer mündlichen Mitteilung.

Die Postkarte erfreute sich bald großer Beliebtheit, von der sie bis heute nichts eingebüßt hat. Eine vom 9. August 1900, 12 Uhr, bis zum 16. August, 12 Uhr, durchgeführte statistische Untersuchung belegt für das Gebiet der Deutschen Reichspost, daß diese in jenem Zeitraum über 9,5 Millionen Ansichtskarten expedierte. Diese massenhaft aufgegriffene Form der Kommunikation setzte eine Massenproduktion in Gang. Zudem hatten seit 1885 private Verleger in Deutschland die Erlaubnis erwirkt, Postkarten herauszugeben. Nahezu jeder, der eine Druckerei betrieb, stürzte sich ins Ansichtskartengeschäft. Es agierten Anbieter für individuell gefertigte Kleinauflagen sowie große Postkartenunternehmer.

Die Leipziger Firma Louis Trenkler produzierte Ansichtskarten für Deutschland, Österreich-Ungarn, die Schweiz, Italien, Belgien und Holland. Der Angebotskatalog des Betriebes verzeichnete über 10 000 Motive. Angefangen von Stadtansichten und Landschaften über Tier- und Pflanzenserien, Geburtstagskarten, Serien zu Themenkreisen wie »Humor«, »Kinder«, »Militär«, »Bedeutende Ereignisse« bis hin zu Glückwunschkarten zu allen Anlässen, hatte man jeden erdenklichen Darstellungsgegenstand aufgegriffen.

Die massenhafte Postkartenfertigung war nicht mehr aufzuhalten. Die schon genannte Firma Trenkler warf wöchentlich 1,5 Millionen Lichtdrucke (hergestellt im fotochemischen Verfahren) und 1,5 Millionen Buntdrucke (kolorierte Lichtdrucke, Kombinationsdrucke von Lichtdruck und Chromolithografie) auf den Markt. Die Druckerei Röder, Leipzig, setzte für den Kombinationsdruck von Ansichtskarten 34 Lichtdruckschnellpressen ein; jährlich verließen bis zu 50 Millionen Stück den Betrieb. Diese Massenproduktion – unter die unsere Chromolithografien nicht fielen – hatte auch ihre Kehrseite: Häufig wurde die mindere Qualität gerügt.

Produziert wurde und wird die Ansichtskarte für den Verbrauch. Ihr Zweck ist es, Träger brieflicher Mitteilungen zu sein. Ist sie beschrieben, abgeschickt, die Frankierung entwertet und der Adressat mit der Information – einem Gruß oder Treueversprechen – versehen, hat sich ihr Zweck erfüllt. Das trifft mehr oder weniger auch auf die Ansichtskarte als Träger eines Bildes zu. Erst in den Händen des Sammlers feiert die Karte Auferstehung, nunmehr als ein Gegenstand ästhetischer Betrachtung. In diesem neuen Funktionszusammenhang wird die Postkarte Träger von Bedeutungen und Objekt von Deutungen, ein Funktionswechsel vom Gebrauchs- zum Anschauungsgegenstand findet statt, den viele Dinge erfahren können. Dieser Doppelcharakter eines Gegenstandes, zum Objekt anderen Gebrauchs als des unmittelbar gedachten zu werden, brachte natürlich die

Postkartenhersteller auf die Idee, besondere Karten zum Aufheben anzubieten. Einige Beispiele für den Ideenreichtum der Hersteller seien genannt: Duftkarten verbreiteten den Geruch der dargestellten Pflanzen; beliebt waren Maiglöckchen und Tanne. Bereits 1905 gab es besungene oder mit Glückwünschen besprochene Ansichtspostkarten. Auch Geräusche, wie ein fröhliches Töff-töff für Automobilisten, Wau-wau, Gag-gag und Vogelgezwitscher für Tierfreunde und sogar All-Heil-Grüße für Radler reizten zum Kauf. Dafür mußte man aber schon 40 bis 50 Pfennige pro Karte hinlegen. In der Raritätenproduktion führte eine Miniaturschriftkarte die Reihe an. Auf dieser Karte hatte man Schillers »Glocke«, »Die Bürgschaft«, »Die Kraniche des Ibykus« und »Hoffnung«, insgesamt 4102 Wörter, abgedruckt. In einer Auflage von 1000 Stück und zu einem Preis von 50 Pfennigen fand auch dieses ungewöhnliche Werk Eingang in die Sammleralben.

Über Sammler und deren Leidenschaft ist schon viel geschrieben worden. In ihrem hartnäckigen Bemühen, der Sammlung Vollständigkeit zu verleihen, liegen Tragik und Komik eng beieinander. Zweifellos tragisch ist der Fall eines Bibliomanen, des Magisters Tinius, Pfarrer zu Poserna bei Weißenfels, der 1812/13 zwei Raubmorde beging, um seine Sammelleidenschaft zu befriedigen. Eher komisch ist die in unseren Tagen angesiedelte Geschichte, in der ein Sammler, um ein fehlendes Prachtstück zu erwerben, das Farbfernsehgerät aus der ehelichen Wohnung trug (die anschließende Auseinandersetzung kann sich der Leser vermutlich recht gut vorstellen).

Ungeachtet solcher Individualitäten ist das Sammeln eine Tätigkeit in gesellschaftlichem Interesse. Sammler, so charakterisiert sie Walter Benjamin, nehmen den »Kampf gegen die Zerstreuung« auf, d.h. sie häufen Gegenstände unter einem bestimmten Aspekt an und realisieren dadurch die kulturelle Tat des Zusammentragens, Erhaltens, Aufhebens und Bewahrens von vielleicht später wichtigen Sachzeugen einer bestimmten Zeit. Ein Weiteres ist den wirklichen Sammlern gemeinsam: Sie ignorieren den eigentlichen Gebrauchswert ihres Gegenstandes. Spontan finden sie erst einmal etwas schön. Das Sammeln von Ansichtskarten, das mit dem massenhaften Erscheinen derselben aufkam, dürfte ebenfalls von einem begeisterten: »Die sind aber schön!« begleitet gewesen sein. Nun, es gab und gibt Leute, die *alles* aufheben. Neben den Qualitätssammlern gab es und gibt es auch die Quantitätssammler. In den Sammler-Journalen aus der Zeit um die Jahrhundertwende finden sich dazu Berichte von unglaublichen Rekorden. Über 80 000 Ansichtskarten besaß 1899 der Leipziger Buchhändler Geibel, und – natürlich aus den USA – meldete man einen sammelwütigen Mister John Pendleton, der die stattliche Anzahl von über 3,5 Millionen Exemplaren anhäufte. Die Sammler vereinten sich in Sammlerklubs. Das war typisch für jene Zeit, besonders in Deutschland. Für jedes zu vertretende Interesse wurde ein Verein gegründet. Allerdings bestanden 1905 in Deutschland nur sechs Vereine, die sich der Ansichtskarte verschrieben hatten. Um eine größere Wirkung zu erlangen, forderte man einen »Bund deutscher Ansichtskartensammler«, für den als zentraler Sitz Leipzig, Berlin oder Dresden vorgeschlagen wurde.

Gegenwärtig erhebt sich das Sammeln von Ansichtskarten immer mehr zur anspruchsvollen Tätigkeit. Es bedarf keines Autoritätsbeweises, finden wir doch unter den Kartophilen der jüngsten Vergangenheit reichlich Prominenz, so den französischen Dichter Paul Eluard und den Wiener Feuilletonisten Peter Altenberg. Dieser letzterer hatte 10 000 Karten zusammengetragen. Der Wiener Ironiker sah im Sammeln »gleich zwei heilsame Ablenkungen vor dem gefährlichen Bleigewicht des eigenen Ichs: erstens das Glück des Sammelns selbst, zweitens das Glück, es für einen anderen, ebenso verständnisvollen tun zu können!« Letzteres zeigt eine weitere hervorragende Eigenschaft des wirklichen Sammlers: die Freude am Zeigen. Peter Altenberg schenkte seine Sammlung einer jungen Frau – unsere Sammlung wird in diesem Band anhand von Beispielen vorgezeigt.

Die chromolithografische Ansichtskarte als Kunstwerk. Die Tätigkeit als Zeichner solcher Karten würde heute unter dem Begriff »Gebrauchsgrafik« laufen. Diese Karten wurden in zumeist mittleren und kleinen Betrieben den individuellen Wünschen des Auftraggebers entsprechend angefertigt; in jeder Hinsicht blieb ihre Herstellung an bestimmte Bedingungen gebunden. Das Mindest- bzw. Höchstmaß war mit 14 mal 9 cm bzw. 15 mal 10,7 cm festgelegt, ein Format, das zu einer besonderen gestalterischen Disziplin zwang. Die Anordnung der Bildelemente mußte im Zusammenhang mit der technischen Umsetzung genau durchdacht werden, wenn ein Ganzes entstehen sollte, das mehr als die Summe seiner Teile darstellte. An bestimmten ästhetischen Prinzipien konnte man nicht »vorbeiproduzieren«, wie Farbharmonie, Ausgewogenheit, Anknüpfen an Bekanntem, sonst hätte die Gefahr der Ablehnung durch den Käufer bestanden – mit allen ökonomischen Folgen.

Die Aufteilung der Fläche erfolgte in den meisten Fällen nach dem Goldenen Schnitt. Doch um dem Kartenkäufer und -empfänger möglichst viel Bildinformation zu bieten, »sprengte« man gleichsam die Fläche. Da gibt es bis zu zwölf Bilder auf einer Karte, doch finden sich keine zwei Karten, die in der Flächenaufteilung identisch wären, jede Karte ist individuell gestaltet. Die miniaturhafte Wiedergabe hatte bestimmte Wirkungsmechanismen. Zum einen half sie, Wirklichkeit begreifbar zu machen, das Monumentale der gründerzeitlichen Architektur in eine überschaubare Dimension zu versetzen, auf ein menschliches Maß zu bringen: Nachdem mittels der Abbildung Übersicht erlangt war, konnte man sich besser in Beziehung setzen zu diesen gewaltigen Bauten. Doch damit verband sich – und hier ist wohl der Schlüssel für die besondere Faszination der Karten zu suchen – ein anderer, fast gegenteiliger Effekt: Unter Zuhilfenahme einer »optischen«, von der Zentralperspektive abweichenden räumlichen Konstruktion ließen die Zeichner die dargestellten Räume größer erscheinen, als sie in Wirklichkeit waren, und so wurde unter der Hand die winzige Probierstube mit vier Tischen zu einem mittelgroßen Saal. Auf solche Weise erreichten sie, so paradox es klingen mag, mittels Verkleinerung Vergrößerung. Heute, aus dem Abstand von fast einem Jahrhundert, setzen uns diese kleinen Farblithografien durch ihre über den »gebrauchsgrafischen« Zweck weit hinausgehende künstlerische Ausstrahlung in Erstaunen. Das glückliche Zusammentreffen von Format, Technik und Anliegen beflügelte die provinziellen Zeichner zu ungewöhnlichen Leistungen. Mehr oder weniger unbewußt gewannen sie die Fähigkeit, dem großstädtischen Lebensgefühl, dem Phänomenalen und Festlichen, das der schnell gewachsene Stadtorganismus mit sich brachte, auf suggestive Weise Ausdruck zu verleihen. Daß sie dabei die sozialen Nöte und Spannungen verschwiegen, lag in der Natur der Sache. Immerhin wird sichtbar, daß in den verschiedenen Gaststätten Publikum unterschiedlicher Gesellschaftsschichten verkehrte. Freilich währte diese Blüte einer spezifischen Miniaturkunst nur eine kurze Zeit; neue Aufgabenstellungen, neue technische Verfahren, auch neue Lebenshaltungen setzten ihr ein schnelles Ende.

DIE LITHOGRAFIE IN LEIPZIG. Neben Paris, Wien, Berlin und München war Leipzig ein Zentrum lithografischer Anstalten, allerdings mit einigen Geburtswehen. Die Senefelder-Schüler Grünwald und Held erhielten 1801 und 1802 eine Ablehnung auf ihr Ersuchen um das sächsische Privileg für Steindruck. Als eines der ersten Unternehmen arbeitete Breitkopf & Härtel im Notendruck mit der lithografischen Technik. Bis 1821 gab es verschiedentlich Versuche anderer Druckereien; neben Breitkopf & Härtel nennt das Adreßbuch noch den Verlag Hofmeister als lithografische Anstalt. Nach dieser »Frühzeit« der Lithografie in Leipzig beginnt eine stetige Entwicklung. Um 1830 gibt es schon sechs Druckereien und auch von Verlegern unabhängige Lithografen treten auf, die direkt für die Druckereien arbeiten. So boten Herr T. W. Fischer, »seßhaft«, ständig zu finden am Fleischerplatz 988, und Frau Reichard vom Markt 1 der Kundschaft ihre Dienste an. An Frau Reichard konnte man während der »Meßzeit in der Bude der alten Rathswaage gegenüber« Aufträge erteilen. Seit 1836 wirkten begabte Künstler wie Carl Werner und Carl Sprosse, die Vorzeichnungen für lithografische Tafeln fertigten. Es entstanden ganze Bilderzyklen – bekannt sind Carl Werners »Ansichten von Eythra«. Fast schon wie Ansichtskarten sehen die um 1860 vom Verlag Adolf Werl edierten »Leipziger Ansichten« aus. In jenem Jahr zählte man bereits 36 lithografische Anstalten bzw. Unternehmen, die lithografische Arbeiten durchführten. Deren Zahl wuchs bis 1890 auf 100 an. Durch Übernahme anderer Aufträge, etwa auf den Gebieten der Fotolithografie, des Notenstichs, der Gravierung, der Abziehbilderherstellung, des Prägedrucks oder der Etikettenfabrikation, hatten in Leipzig um 1900 nahezu 180 lithografische Unternehmen reichlich zu tun. In Deutschland zählte man 3235 dieser Betriebe, die selbst in kleinsten Orten durch Anfertigen von Geschäftsdrucksachen und auch von Ansichtspostkarten ih. Auskommen fanden.

Die Produktion chromolithografischer Ansichtskarten begann etwa im Jahre 1876 – das Datum wird in Verbindung mit der Berliner lithografischen Anstalt Miesler genannt. Bis um 1905, vereinzelt bis 1910, kam diese Art Ansichtskarten in guter Qualität auf den Markt. Mit diesen reichlich drei Jahrzehnten hatte die chromolithografische Ansichtskarte eine ziemlich kurze Lebensdauer. In Leipzig waren es die Firmen Bruno Bürger & Ottillie, Carl Garte, Louis Glaser, Emil Pinkau, Hugo Richter sowie Wezel & Naumann, die das Niveau bestimmten. Auf die harte Konkurrenz in der Ansichtskartenbranche, ausgelöst durch das übermächtige Lichtdruck-Billigangebot, weist das Schicksal der letztgenannten Firma hin, die im Jahre 1905 wegen ungenügender Prosperität einging. Das u.a. auch auf dem deutschen Markt agierende englische Postkartenunternehmen Raphael Tucks & Sons London bewarb sich um Wezel & Naumann, unterlag allerdings im Kaufgebot der Deutschen-Bank-Gruppe.

Weitere lithografische Anstalten mußten ihre Arbeit einstellen. In den Fachzeitschriften häuften sich Annoncen wie die folgenden: »Tüchtiger Chromolithograph, perfekt in Feder- und Kreidetechnik, versiert in Auto- und Lichtdruckchromo, sucht sofort Stellung.« »Oberlithograph, hervorragende Kraft auf dem Gebiet der Lithographie, in Feder-, Kreide- und Tangiermanier geübt, perfekt auf große und kleine Sachen, guter Zeichner, sucht Stellung im In- oder Ausland.« Den Stellengesuchen der betroffenen, nunmehr arbeitslosen Lithografen und Steindrucker folgten die Verkaufsanzeigen der Kleinunternehmer. »Wegen Geschäftsauflösung sehr günstiges Angebot an Prägeplatten und Steinen.« »Ausverkauf wegen Geschäftsaufgabe! Zirka 5 Millionen Postkarten weit unter Wert zu verkaufen …« Solche Angebote und Stellengesuche in der Fachpresse führen exemplarisch vor, wie die industrielle Nutzung der Lithografie in der Ansichtskartenproduktion von anderen Techniken überholt wurde.

DIE TECHNIK DER LITHOGRAFIE hatte, nach zahlreichen Experimenten, Alois Senefelder 1798/99 durch das Prinzip der »chemischen Druckerei«, des Flachdruckes vom Stein, erfunden. Er machte die Entdeckung, daß eine mittels fetthaltiger Kreide oder Tusche auf den Stein (Solnhofer Schiefer) gebrachte Zeichnung Farbe annimmt und die Stellen, auf die nicht gezeichnet wurde, die Farbe nach Wässerung abweisen. Das Prinzip heißt also vereinfacht: Fett nimmt Farbe an, Wasser stößt sie ab, und es erinnert immer wieder an Zauberei, wenn man einem Steindrucker über die Schulter schaut, der mit kräftigem Druck die Farbwalze über den Stein rollt, wobei die gewässerten Flächen blitzsauber bleiben und nicht das geringste der pastosen, rabenschwarzen Farbe annehmen, während an den gezeichneten Linien die Farbe haftet. Mit Hilfe dieser Technik war es nun möglich, nahezu beliebig viele Abzüge einer Vorlage herzustellen. Ein weiterer großer Vorteil des Flachdrucks bestand darin, daß die gezeichnete Vorlage gleichzeitig die Druckform darstellte. Es bedurfte also nicht mehr des Umweges über das Herstellen von Druckstökken oder -platten. Für den bunten Steindruck, die Chromolithografie, erwarb 1835 der Senefelderschüler Engelmann das Patent. Diese Erfindung ermöglichte den mehrfarbigen Druck. Bis dahin waren alle gedruckten Bilder, ob von der Metallplatte oder vom Stein abgezogen, mit der Hand, oft unter Zuhilfenahme von Schablonen, koloriert worden. Nunmehr konnte man durch Übereinanderdrukken Mehrfarbigkeit erreichen, d. h. für jede Farbe war ein anderer Stein erforderlich. Da man die Möglichkeit noch nicht kannte, jede beliebige Farbe beim Druck aus den drei Grundfarben Rot, Gelb und Blau zu mischen, gab es im allgemeinen etwa 10 bis 20 Farben zur Wahl, in Ausnahmefällen bis zu 30 Farben. Die Schwierigkeit bestand in der Anteiligkeit der Farbgebung. Nur der erfahrene Lithograf wußte, wie die einzelnen Farben nach dem Übereinanderdrucken aussahen, wie sich die Druckfolge am besten gestaltete und auf welche Weise koloristische Nuancen hervorzulokken waren. Abstufungen und Verläufe erreichte man mittels einer Punktiertechnik, die merkwürdigerweise Ähnlichkeiten mit der etwa gleichzeitigen Manier des Pointillismus aufweist, jener auf die Wirkung unzähliger Farbpünktchen gestellten Arbeitsweise, die eine Gruppe impressionistischer Maler entwickelte.

Vor dem Lithografen stand die Aufgabe, die geplante Farbgebung bzw. die Farbvorlage exakt zu analysieren, sie in entsprechende Druckphasen umzusetzen, die dann das Bild in ihrem Zusammenwirken wieder erstehen lassen sollten. Des weiteren war zu garantieren, daß die zahlreichen Farbanteile beim Drucken genau aufeinanderpaßten. Eine Abweichung von Bruchteilen eines Millimeters konnte das ganze Bild verderben, das dann verwaschen und verschwommen wirkte. Der Lithograf war also bei dem arbeitsteiligen Vorgang der Produktion von gedruckten Bildern derjenige, der die Vorlage umsetzte. Er mußte, wenn er auf dem Stein arbeitete, die Zeichnung seitenverkehrt aufbringen. Eine Lupe benutzend, formte er die kleinsten Details aus. Der Stein wies eine Dicke von 8–12 cm auf, das Gewicht konnte bei großen Steinen bis an 100 kg heranreichen. Oft lagen das Abzeichnen, das Aufteilen der Fläche und das Anbringen des dekorativen Beiwerks in einer einzigen Hand, eben der des Lithografen. Die meist fotografische, bei Innenräumen oft auch zeichnerische Vorlage mußte er verkleinert und korrigiert so werbewirksam wie möglich umsetzen. Insgesamt vollbrachte ein solcher Fachmann eine erstaunliche Arbeitsleistung.

Die Lithografie war seit ihrer Erfindung eine von vielen Künstlern bevorzugte Technik. Goya, Géricault, Delacroix, Daumier, Toulouse-Lautrec, Munch, Picasso und Käthe Kollwitz – um nur einige wesentliche Namen zu nennen – wandten sie meisterhaft an. Doch mehr und mehr setzte man im späten 19. Jahrhundert die Lithografie in einer unkünstlerischen Weise ein, etwa für Aquarell-Reproduktionen oder für den sogenannten Ölfarbendruck. Zur echten künstlerischen Arbeit aber gehört das Bekenntnis zum Material, das Ausschöpfen seiner Spezifik, wie es auch bei diesen Postkarten so deutlich in Erscheinung tritt.

Gastronomie in Leipzig. Um 1900 sah man Leipzig als die erste Stadt im Königreich Sachsen an. Die Rivalität mit der Residenzstadt Dresden war durch Leipzigs Entwicklung von der Handels- zur Industriestadt zugunsten der Messemetropole entschieden. Durch Eingemeindung von 19 umliegenden Dörfern seit 1889 wuchs die Einwohnerzahl schlagartig auf bald über eine halbe Million Menschen an; um die Jahrhundertwende bedeckte das Stadtgebiet eine Fläche von nahezu 6 000 Hektar. Industriegründungen führten zur Konzentration der Bevölkerung. Die Stadt muß zu dieser Zeit ein einziger Bauplatz gewesen sein; man denke nur an einige Entstehungsdaten bedeutender Gebäude: Deutsches Buchhändlerhaus 1888; Kunstakademie und Kunstgewerbeschule 1890; Um- und Erweiterungsbau der Universität 1891–97; Reichsgericht 1895; Neues Rathaus 1905; 1894 Baubeginn am Städtischen Kaufhaus; 1898 Beginn am Bau des Völkerschlachtdenkmals; 1902 Beginn des Hauptbahnhofbaues. In diesen Jahren wurden auch alle Linien der bisherigen Pferdebahn elektrifiziert. Hinzu kam durch die Umwandlung der Warenmesse zu einer Mustermesse der notwendige Bau von Messehäusern.

Die schnell anwachsende Bevölkerung bedurfte unterschiedlicher Stätten zum gesellschaftlichen Verkehr. Bildungsvereine, Sparvereine, Gruppen von Naturheilfreunden, sozial engagierte christliche Vereine, Männerchöre, Studentenverbindungen, Freimaurer und die Interessenvertretungen fast aller Berufe kennzeichneten die kommunikative Struktur Leipzigs um die Jahrhundertwende. Alle diese Vereine, Verbindungen usw. bedurften natürlich auch der Räume, um ihre Zusammenkünfte abzuhalten. So nimmt es nicht wunder, daß sich die Gaststätten in diesem Zusammenhang als eine wesentliche Institution etablierten. Der Saal oder die Hinterstube der Wirtschaft waren Schauplatz sich formierender gesellschaftlicher Kräfte. Der sich immer stärker entwickelnde Tourismus brachte eine Unzahl von Gästen in die Stadt, die versorgt werden mußten. Zur Messezeit reichten die Unterkünfte in den Hotels und Gastwirtschaften nicht aus; wer irgendeine freie Schlafstelle hatte, vermietete sie. Aber auch die Ausflugslokale erfreuten sich großer Beliebtheit, und viele ältere Menschen erinnern sich noch an die Sonntagsspaziergänge, die sie einst mit ihren Eltern unternahmen und die oft solch ein Etablissement zum Ziel hatten. Eine weitere wichtige Funktion erfüllten die Vergnügungslokale. Rundfunk und Fernsehen gab es noch nicht, das Kino befand sich in den Anfängen. Für entsprechende kulturelle Bedürfnisse standen neben den Theatern Erlebnisangebote aus dem Krystallpalast oder dem Charlottenhof zur Verfügung.

Im Jahre 1902 verzeichnet der Bericht der Gewerbepolizei zum Gaststättenwesen in Leipzig die Existenz von 174 Gastwirtschaften und Hotels, von 1241 Schankwirtschaften, von 68 Weinstuben und von 248 Branntweinhandlungen, das heißt, von insgesamt 1731 Einrichtungen mit Schankerlaubnis. Zum Vergleich sei erwähnt, daß man im Jahre 1987 in Leipzig 561 öffentliche Gaststätten zählte. Kamen damals auf eine Schankstätte 289 Einwohner, versorgt heute eine solche Einrichtung über 1000 Einwohner. Der Bericht der Gewerbepolizei brachte noch Genugtuung darüber zum Ausdruck, daß die Anzahl der Schankstätten herabgedrückt werden konnte. Die Leipziger waren schon recht amüsierwütig, gutem Trunke und gemütlicher Unterhaltung nicht abgeneigt. Zeitgenössische Berichte vermerken ironisch, daß sich auch die Damen das Kneipengehen angewöhnt hätten.

Von den erwähnten Restaurationen verfügten etwa 100 Schankwirtschaften über Säle zum Abhalten von Vergnügungen, 48 davon hatten die Erlaubnis, regelmäßig Tanz zu veranstalten. Es existierten weiterhin vier ständige Varietés und 14 Saalwirtschaften, die sich mit dem Angebot von Gesangsvorträgen und der Abhaltung von Singspielen ihrem Publikum empfahlen. Das Abhalten von Belustigungen, worunter Tanzveranstaltungen, Dilettantenaufführungen oder die Inbetriebnahme von Schaukeln zählten, mußte genehmigt werden. Der dafür zu entrichtende Obulus, die Armenkassengebühr, betrug im genannten Jahr 130000 Mark.

Beeindruckend erscheint heute die Vielfalt der gastronomischen Spezialisierungen. Gasthäuser, Hotels, Kaffeehäuser, Kaffeegärten, Speisehäuser, vegetarische Speisehäuser, Gosenschänken, Bars, Nachtcafés mit Nischenabteilungen, Automatenrestaurants, Stehbierhallen, Weinstuben, Tanz- und Vergnügungslokale und Varietés warben um Kundschaft. So breit, vielfältig und »flächendekkend« die gastronomische Welt sich darbot, so war sie doch alles andere als heil. So weist z.B. die Statistik des Gewerbegerichts vom Jahre 1902 aus, daß die Liste der beim Gericht angezeigten Arbeitgeber von den Gastwirten angeführt wurde, die in 347 Fällen die Verklagten und nur in 45 Fällen die Kläger waren. Mit den Arbeits- und Lebensbedingungen der Gastwirtschaftsgehilfen und Kellner stand es nicht zum besten. Ihre Interessen vertraten sie u.a. im Deutschen Kellnerbund. Auf der Tagesordnung standen solche Forderungen wie z. B. die Gewährung einer Mindestruhe von 8 Stunden innerhalb 24 Stunden und eine Ruhezeit von 24 Stunden innerhalb von 14 Tagen. 1901 gab es einen Kellnerstreik im Theatersaal des Krystall-Palastes, weil die Bezahlung allzu niedrig war. Der Unternehmer seinerseits verklagte die Teilnehmer an diesem Streik wegen »erpresserischen Zusammenwirkens«. Auch zu der erwähnten Vergnügungssucht und Amüsierwut der Leipziger gibt es statistische Anhaltspunkte: in demselben Jahr 1902 wurden u. a. 404 Theatervorstellungen, 253 von Wirten in Szene gesetzte Schmäuse, 25 Zaubervorstellungen, 2617 Tanzvergnügungen, 3014 Singspiele und 3781 Konzerte veranstaltet. Besonders die zahlreichen musikalischen Veranstaltungen reizten manche Zeitgenossen zu boshaften Bemerkungen. Der Ringelnatz-Vater Georg Bötticher schrieb darüber zahlreiche Verse; wir zitieren:

NISCHT WIE MUSIK

Leibzj is, wees Gnobb, ä Ort,
Wo's een gefallen werrde,
Gäbs nich so viel Gonzerde,
So viel Musike dort!

Das geht in eener Duhr!
In Gerchen un in Sälen –
So sinn d'r nich zu zählen,
Zum mind'sten schockweis nur!

Das geigt un singt egal
Un spielt Bianoforde,
Baukt Lieder ohne Worde –
Ä wahrer Mordschkandal!

So spottete der Humorist über das ununterbrochene Gefiepe und Gedudel, bei dem selbst die Gewerbepolizei einschreiten mußte, denn 624mal wurde in jenem Jahr die für Vergnügungen festgesetzte Zeit überschritten und 68mal musizierte man gleich ganz ohne behördliche Erlaubnis.

1

Nachdruck verboten
GRUSS aus der
WALDSCHÄNKE
L.-Lösnig den 29 März 900
Besitzer:
F. LIMMER
Sehr Geehrtes Fraulein
Ich sende Ihnen
herzlichen Gruss aus
Waldschänke.
sende ich Ihnen besten Gruß

2

No 450.
Besitzer.
C.B. Heinecke.
Nach Leipzig
Nach Leutzsch
GRUSS aus der BURGAUE
Kleiner Saal.
Zur Burgaue.
Leutzsch
b. Leipzig.
Telefon: 5759.
Grosser Saal.
Partie aus dem Garten.

3

3490.
Bruno Bürger & Ottilie, Lith. Anst. Leipzig.
Leutzsch
b. Leipzig.
GRUSS
aus dem
AUENSCHLÖSSCHEN

4

GRUSS AUS DEM WALD-CAFÉ
Besitzer A. Götze.
LEIPZIG-CONNEWITZ
Saalgebäude

5

Besitzer C. Trojahn.
Saalgebäude
Altdeutsches Restaurant
Lith. Kunstanstalt Carl Garte Leipzig
Gruss aus dem
SCHÜTZENHAUS
Leipzig-Sellerhausen

6

Restaurant mit
kleinem Gesellschaftssaal.
Eiskeller Park.
Gruss vom EISKELLERPARK
LEIPZIG-CONNEWITZ
3000 Personen
fassend.
Jnh. A. Rosenkranz.
Wasserpartie
im Garten.
Grosser Concert Saal
1000 Personen fassend.
Druck v. Louis Glaser, Leipzig.

7

ROMANTISCHER AUFENTHALT.
GRUSS AUS DEM
GASTHOF
ABTNAUNDORF.
W. GRABNER.
Bruno Bürger Lith. Anst.
Leipzig.

8

Garten Partie mit grossen Saal und Aussichtsthurm.
Nördliche Ansicht mit Gasthof und Parkeingang.
Spielplatz m. Kl. Saal.
Obstweinschenke im Nadelwald.
GRUSS AUS PARK MEUSDORF.
Bes: F. Aug. Fichtner
Teleph. 7210.
Fürst Schwarzenberg Denkmal vom Nadelwald gesehen.

9

GRUSS vom WALDHOF v. O. LIEBSCHER
L.-Lindenau.
Saal
Gaststube.
Garten, Gesellschafts SAAL, Kegelbahn.
Lieber Bruder!

10

№ 1057.
GRUSS aus der KIACHTA HÜTTE
B. Lasrich.
Möckern-Leipzig,
An der Wettinbrücke.
Trinket, erlabt Euch, „Kiachta" den Edlen, den Reinen!
Er stärket das Herz, giebt Kraft auch ermatteten Beinen.
Bruno Bürger & Ottillie, Lith. Anst. Leipzig.

11

GASTHOF zur historischen
Oberschänke Gohlis
gegr. 1593. Jnh. Aug. Furkert.
Meier
Oberschänke
RODERICH BENEDIX
Benedix
Stammtisch
Humor.
Leipzig
4732

12

Nº 1991.
Gruss aus den FRIEDRICHSHALLEN
ETABLISSEMENT I. RANGES
LEIPZIG-
CONNEWITZ, den
Bruno Bürger & Ottilie, Lith. Anst. Leipzig

13

14

Kunze's Garten
No 3169.
Bruno Bürger & Ottilie, Lith. Anst. Leipzig.
Inhaber:
Friedrich Müller.
LEIPZIG
Grimmaisch. Steinweg 14. Johannisgasse 9.

15

No 26.
Inh. Anton Palmié
Telephon
Amt I.
No 3153
Ausschank nur ächter Biere.
Restaurant zur Petersburg
Leipzig, den
Bruno Bürger & Ottillie, Lith. Anst. Leipzig

16

GRUSS
a.d. Restaurant LANDHAUS
zu
·Stünz·
Besitzer:
Hermann Paatzsch.
Bruno Bürger u. Ottillie,
Lith. Anst. Leipzig.
No 1667
Restauration zum Landhaus.
Restauration zum Landhaus.
Hermann Paatzsch
Stünz, den
Liebe Hedwig

17

Nº 3285.
Max Höhne's Gasthof Wahren
Gasthof Wahren b. Leipzig.
Bruno Bürger & Ottillie, Lith. Anst. Leipzig.

18

Gruss aus dem
Restaurant zum
Nordpol
Nord
Zum Nordpol
·LEIPZIG·
Kleine Fleischergasse 12

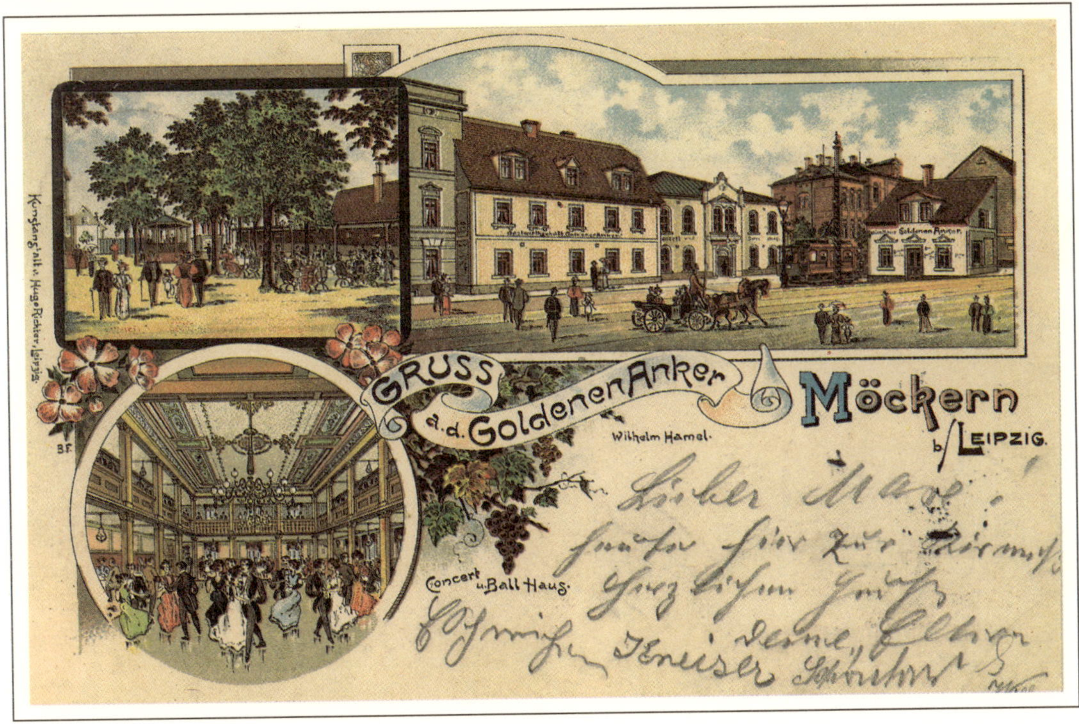
GRUSS a. d. Goldenen Anker
Möckern b/Leipzig.
Wilhelm Hamel.
Concert u. Ball Haus.
Kunstanst. u. Hugo Richter, Leipzig.
B.F.

20

Nº 1107
Bruno Bürger & Ottillie, Lith. Anst. Leipzig.
GRUSS aus CAFÉ RÖTHEL
Tel. 4576.
Leipzig-Eutritzsch.
I. Etage.

Garten u. Kegelbahn.
GRUSS aus den Goldnen Adler.
Leipzig-Lindenau.
Inh. Friedrich Ludley.
Verlag v. Otto Uhlemann L. Lindenau.
Anckerstrasse.

22

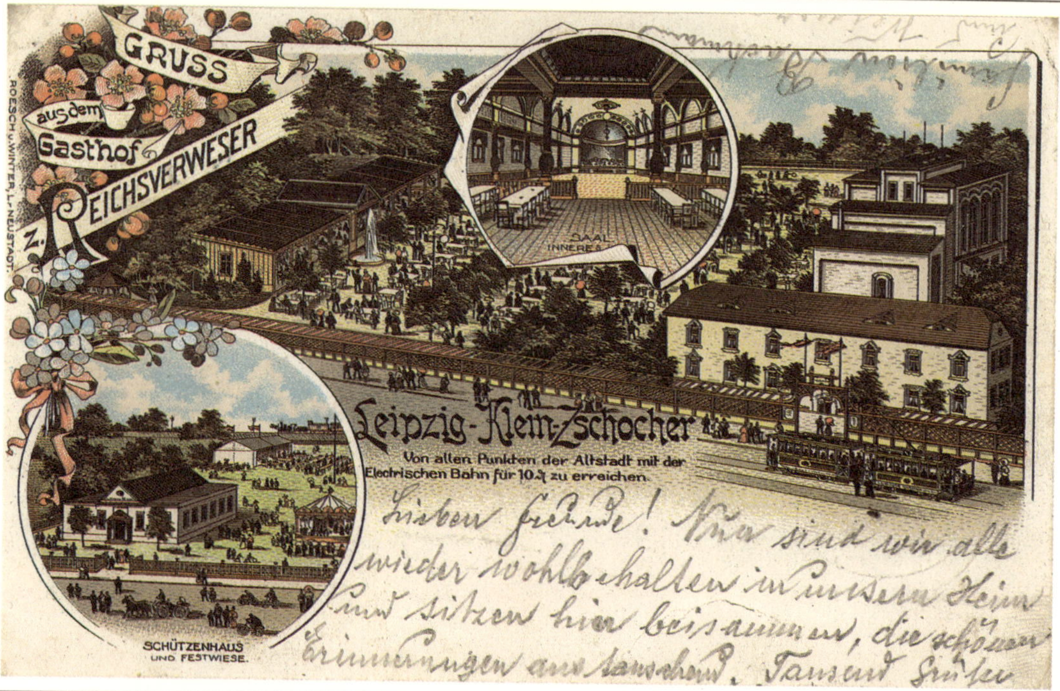
GRUSS
aus dem
Gasthof
z. Reichsverweser
ROESCH u. WINTER, L.-NEUSTADT.
SAAL INNERES
Leipzig-Klein-Zschocher
Von allen Punkten der Altstadt mit der
Electrischen Bahn für 10 ₰ zu erreichen.
SCHÜTZENHAUS
UND FESTWIESE.
Lieben Freunde! Nun sind wir alle
wieder wohlbehalten in unserm Heim
und sitzen hier beisammen, die schönen
Erinnerungen austauschend. Tausend Grüße

№ 3706.
Post Schänke
Gruss aus Kaffeehaus Reichs Post Leipzig
Inhaber Karl Karst
Telef. 14030
25 ganz antike u. sehenswerte Uhren.
Wissmannsoldat mit echter Ausrüstung.

24

Gruss aus
CAFÉ ROYAL
Billardsaal mit 10 Billards.
LEIPZIG.
Koenigsplatz 15
Inhaber WILH. GROSSE.
Lith. u. Druck v. Louis Klemich Dresden

25

9.
Neue Börse.
BÖRSEN-RESTAURANT.
Garten-Restaurant.
Leipzig, d.
Jnhaber
E. HABERKORN.
Bruno Bürger & Ottilie, Lith. Anst. Leipzig.

26

Gruss vom Etablissement
APOLLO
APOLLO
Leipzig
Inhaber
ROB·SCHULZ
Concert-Garten

Concert-Saal.
324.
Restaurant.
Concert-Etablissement
Restaurant
1. Ranges.
POLOGNE
Inhaber:
ARTHUR RITTER.
Leipzig, den
Eingang zum Garten.
Garten.
Bruno Bürger u. Ottillie, Lith. Anst. Leipzig

28

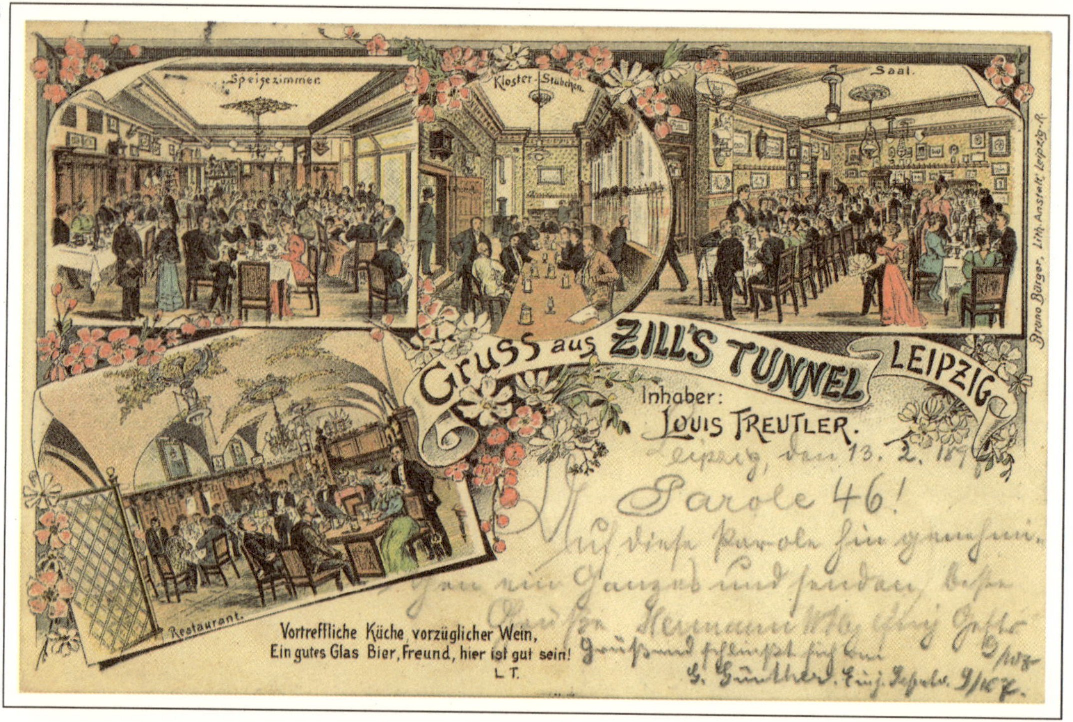
Speisezimmer.
Kloster-Stübchen.
Saal.
Gruss aus ZILL'S TUNNEL LEIPZIG
Inhaber: LOUIS TREUTLER.
Restaurant.
Vortreffliche Küche, vorzüglicher Wein,
Ein gutes Glas Bier, Freund, hier ist gut sein!
L.T.
Bruno Bürger, Lith. Anstalt, Leipzig-R.
Parole 46!

29

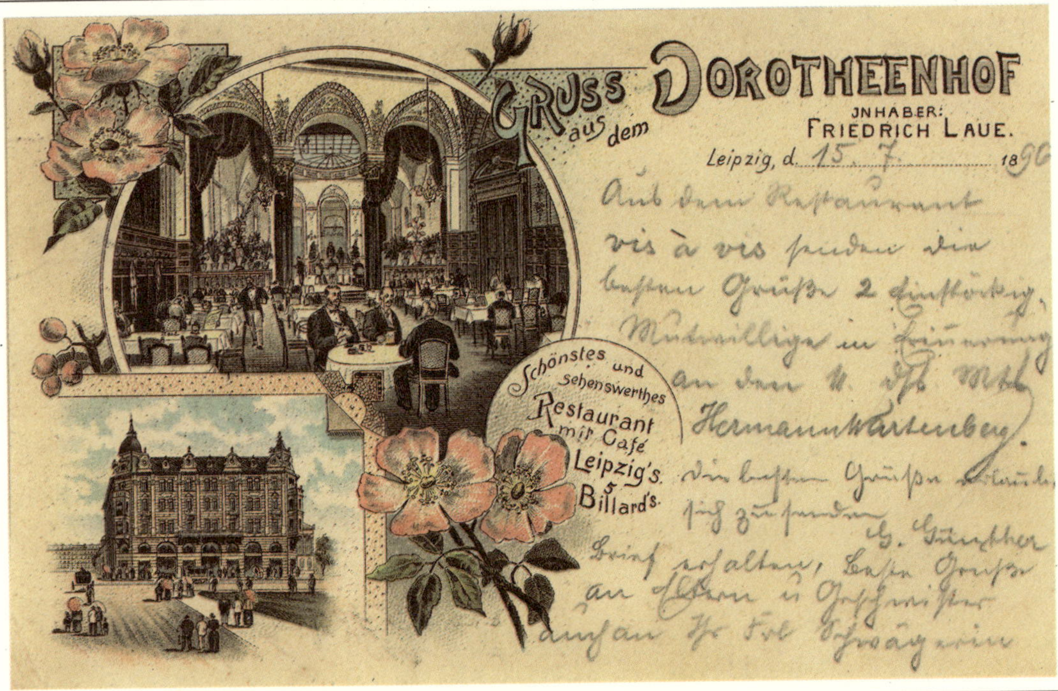
Gruss aus dem
DOROTHEENHOF
JNHABER:
FRIEDRICH LAUE.
Leipzig, d. 15. 7. 1896
Schönstes und sehenswerthes Restaurant mit Café
Leipzig's 5 Billard's.

30

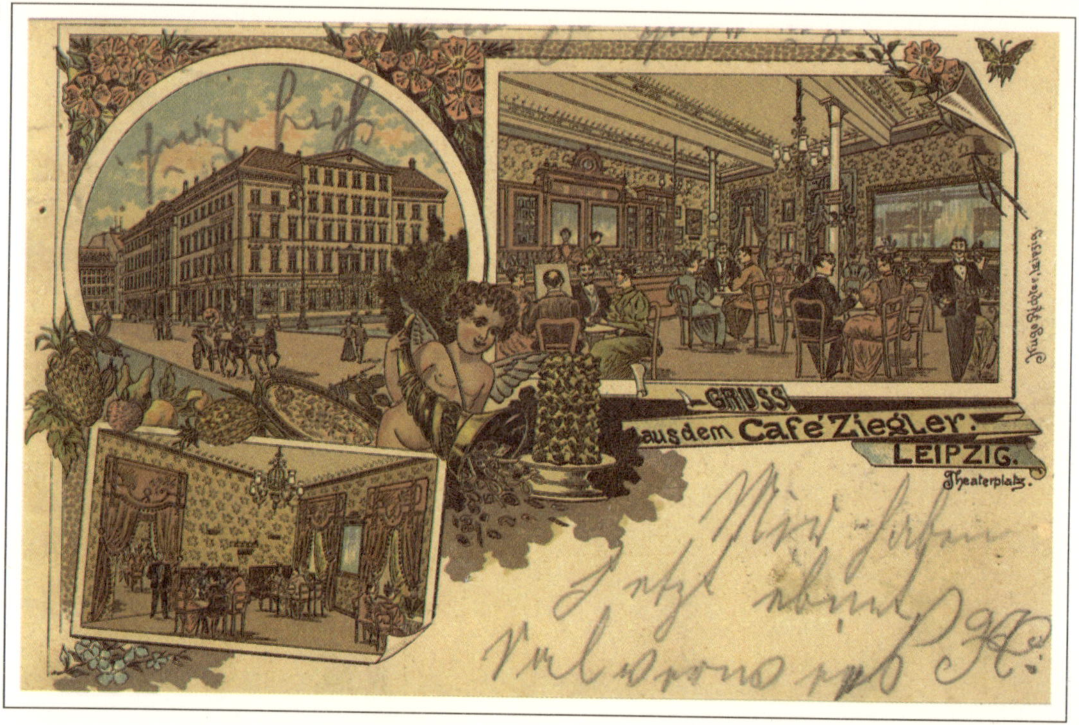

No 3676.
Gruss aus dem Weissen Röss'l
Hôtel u. Restaurant
Bes: Carl Reimann
LEIPZIG,
Nickolai Strasse 14
Fremden-Zimmer von M. 1,25 an.
Tel. 4114.
Druck: Regel u. Krug, Leipzig R.
Unterwelt
Täglich Conzert von renomirten Damen-Kapellen.

32

HOTEL zum DRESDNER BAHNHOF
DRESDNER BAHNHOF
HOTEL ZUM DRESDNER BAHNHOF
C.G. König & Sohn
LEIPZIG
Leipzig, d.

33

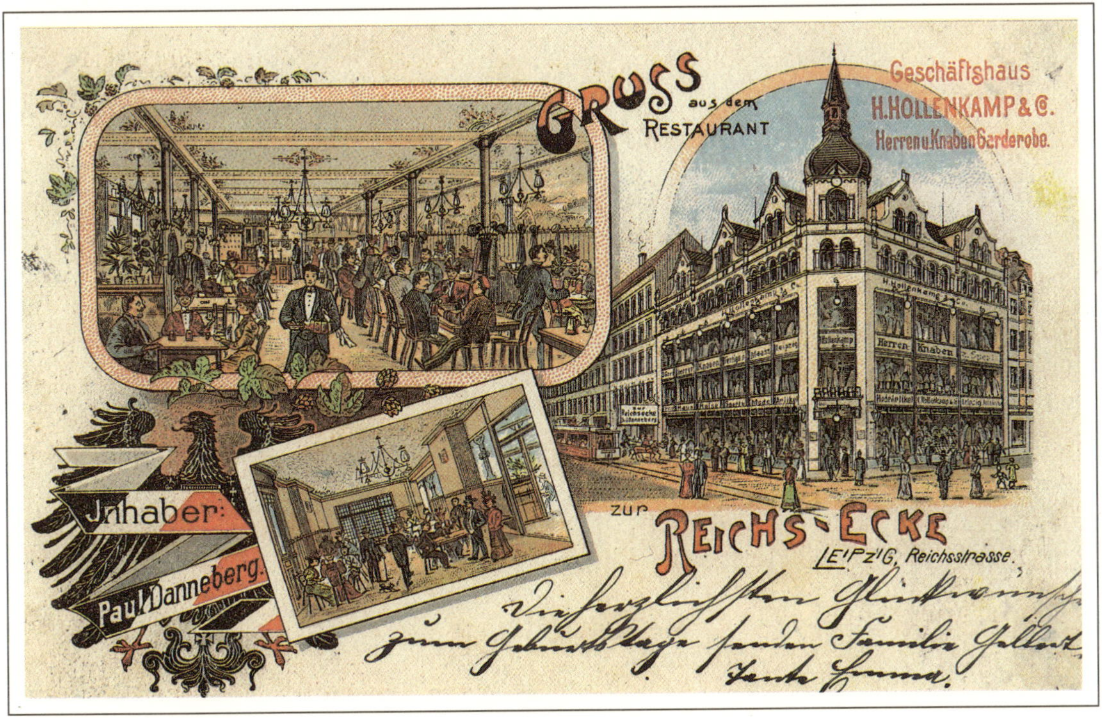
GRUSS aus dem RESTAURANT
Geschäftshaus
H. HOLLENKAMP & Co.
Herren u. Knaben Garderobe.
Inhaber:
Paul Danneberg.
zur
REICHS-ECKE
LEIPZIG, Reichsstrasse.

34

Rundsicht vom Dache.
Gruss aus dem
WEISSEN-HIRSCH
CONDITOREI u.
RESTAURANT
LEIPZIG
Windmühlenstr.
Parterre Lokalitäten.
Emil Pinkau, Fabrik lith. Erzeugnisse Leipzig

№ 3020.
Zauber Automat.
Hauskapelle dressirter Affen.
Hauskapelle dressirter Affen
Automaten Ausstellung
Leipziger Automaten-Gesellschaft
Automaten Restaurant
Gruss aus dem Automaten-Restaurant u. Café.
Leipziger Automaten Gesellschaft Leipzig Hainstr. 26.
Strassburger Uhr.
Bruno Bürger u. Ottillie, Lith. Anst. Leipzig.

36

Bruno Bürger u. Ottillie, Lith. Anst. Leipzig.
Kuhthurm.
Nº 1902.
Haupteingang
Palmengarten.
Gruss
aus dem Palmengarten
Leipzig.
Festsaal m. Blick i. d. Palmenhalle.

37

Goethe
Hugo Richter Leipzig
Von Goethe gezeichnet
C.G. Schönkopf
GRUSS
aus dem Café Gesswein
Leipzig.
Erinnerungsstätte an Goethe u. Kätchen Schönkopf.
Brühl No 21

38

Obstwein-Special-Versand-Etablissement verb. m. Obstweinschänke u. Conditorei.
GRUSS aus Schloss Debrahof.
Inhaber: M. Albrecht.
Leipzig-Eutritzsch.
Bruno Bürger & Ottillie, Lith. Anst. Leipzig.

39

G. Schürer's
Restaurant & Cafe
Waldstrasse am Rosenthal, Haltestelle d. Elektrischen Strassenbahn.
Gruss aus Leipzig

40

Doctor Faustus
Zu dieser Frist
Anno 1525.
Aus Auerbachs Keller
geritten ist.
Leipzig's älteste Weinstube, bestehend seit 1438.
No 699.
Hexenküche.
Gruss aus Auerbachs Keller.
Leipzig, d. 189
Brun. Bürger & Ottilie, Lith. Anst. Leipzig

41

3967.
Drei Lilien Leipzig-Reudnitz
Ball-, Concert- u. Gesellschaftshaus.
Besitzer:
Br. Röske
Telephon 1966.

42

Concert-u. Ballsaal.
Etablissement Bonorand Leipzig.
Emil Pinkau, Fabrik lith. Erzeugnisse Leipzig

43

Gruss aus Fiedler's Gosenstube
Leipzig.
Inhaber: Otto Pönitz.
O. Pönitz
Fiedler's Gosenstube.
C.W. Löwe, Leipzig.

44

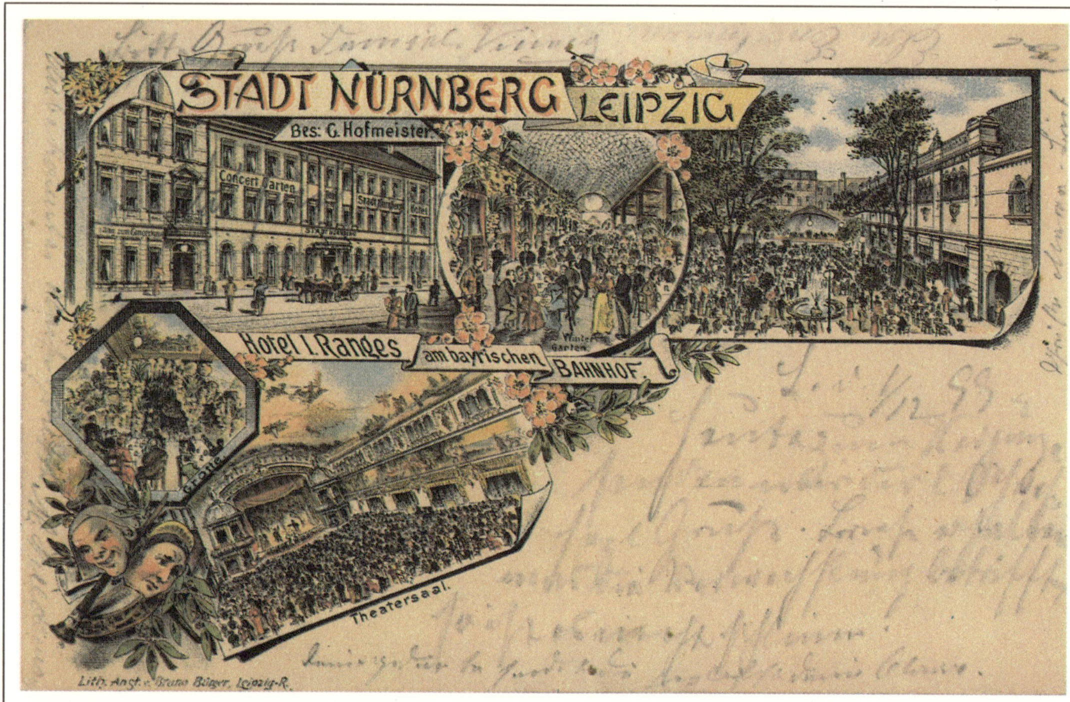
STADT NÜRNBERG LEIPZIG
Bes: G. Hofmeister
Concert Garten
Hotel I. Ranges am bayrischen BAHNHOF.
Theatersaal.
Lith. Anst. v. Bruno Bürger, Leipzig-R.

45

198.
Concert u. Ballsaal.
GRUSS v. D. DREI LINDEN.
Sommertheater.
Bruno Bürger & Ottilie, Lith. Anst. Leipzig.
1713 gegr.
Alter Gasthof.
Vorder Garten.
Lindenau, d.
Ein Goschen fein – ein Bierchen rein –
Theater selbst kann's Herz erfreuen!
Jedwede Labung wirst du finden
In Lindenau in den „Drei Linden"!

46

GOSEN-SCHÄNKE.
Gosen-Schänke
RATHAUS
KIRCHE.
Gruss aus
EUTRITZSCH
(LEIPZIG)
Kunstanstalt Hermann Ludewig, Leipzig.

47

Cajeris Gosen-Stube
„Ohne Bedenken.“
Nº 3073.
Der Krystallpalast
Die Scheune
Leipzig-Gohlis.
Garten.
Bruno Bürger & Ottillie, Lith. Anst. Leipzig

48

GRUSS vom GASTHOF zum GOLDENEN HELM LEIPZIG-EUTRITZSCH
Bruno Bürger & Ottillie, Lith. Anst. Leipzig.
Herzliche Grüsse.

49

Bierausgabe
AUSSCHANK VON
WÜRZBURGER
BÜRGERBRÄU.
1898
Thüringer Hof
in
Leipzig.
Besitzer: Georg Grimpe

50

RESTAURANT
ROTHENBURGER ERKER
Original Gemälde von der Sächs. Thüringschen Ausstellung.
Billardsaal.
Erker.
Leipzig Kleinzschocher.
Inhaber, Erwin Kühn
GRUSS AUS
Pavillon-Terasse mit Colonaden.
Laube.
Haupt-Restaurant.
4298.

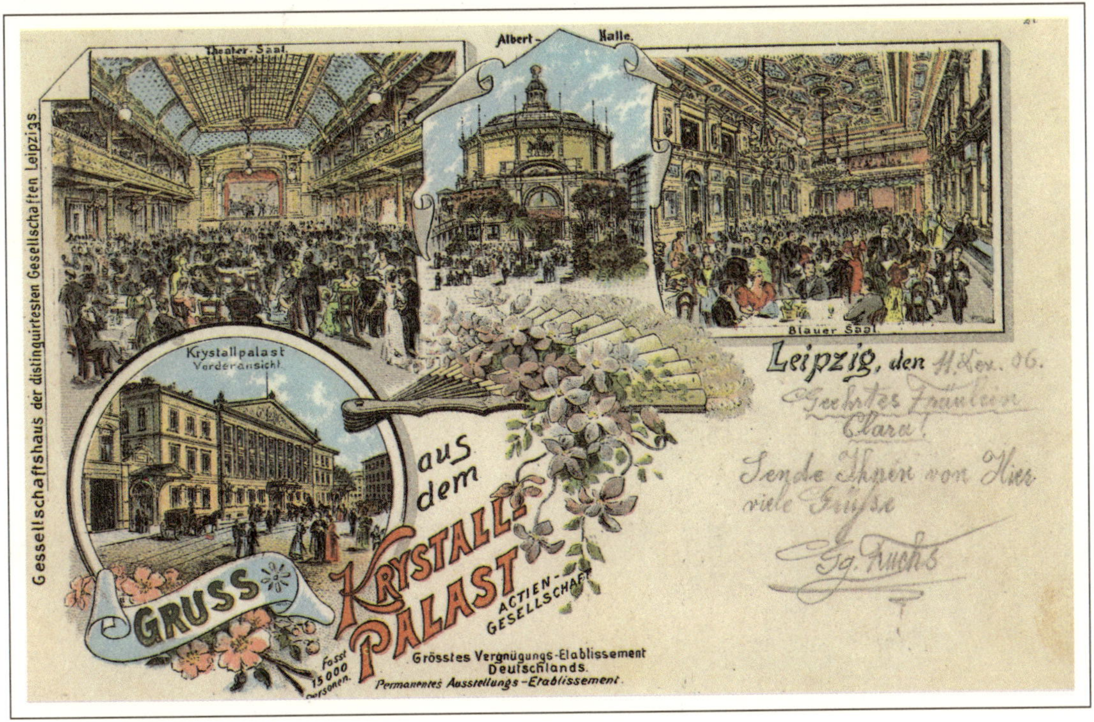

Theater-Saal
Albert-Halle.
Blauer Saal
Gesellschaftshaus der distinguirtesten Gesellschaften Leipzigs
Krystallpalast
Vorderansicht.
GRUSS
aus dem
KRYSTALL-PALAST
ACTIEN-GESELLSCHAFT
Fasst 15000 Personen.
Grösstes Vergnügungs-Etablissement Deutschlands.
Permanentes Ausstellungs-Etablissement.
Leipzig, den 11. Nov. 06.
Geehrtes Fräulein Clara!
Sende Ihnen von Hier viele Grüße
Gg. Fuchs

52

№ 3196.
GRUSS aus dem KRYSTALL-PALAST-THEATER, Leipzig.
Vorderansicht
Bruno Bürger & Ottillie, Lith. Anst. Leipzig.

53

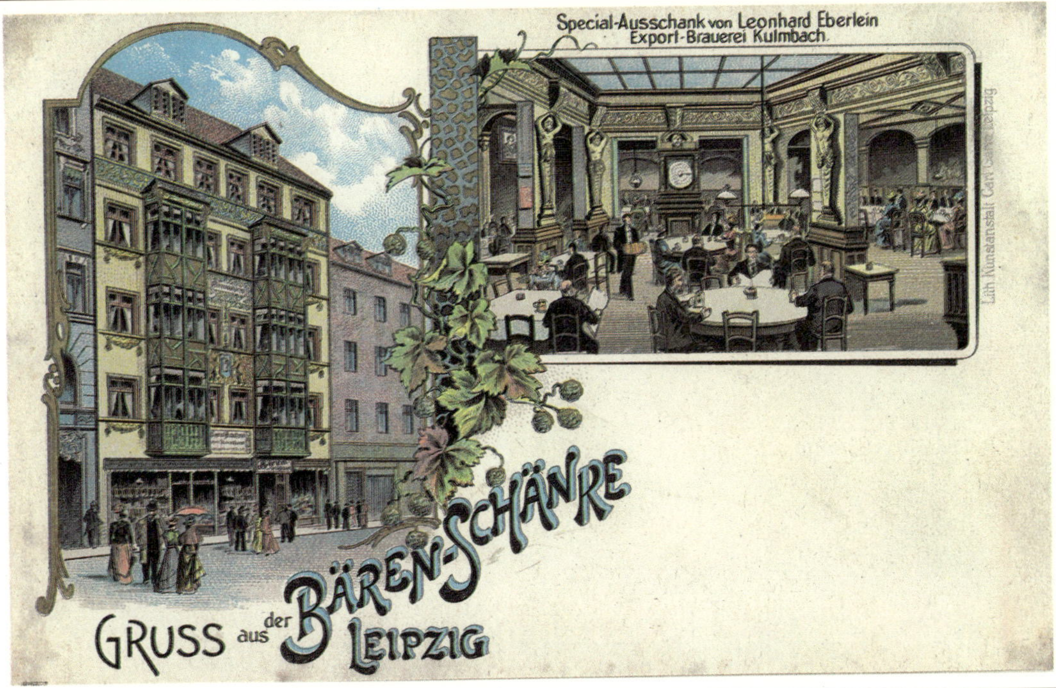
Special-Ausschank von Leonhard Eberlein
Export-Brauerei Kulmbach
Gruss aus der Bären-Schänke
Leipzig

54

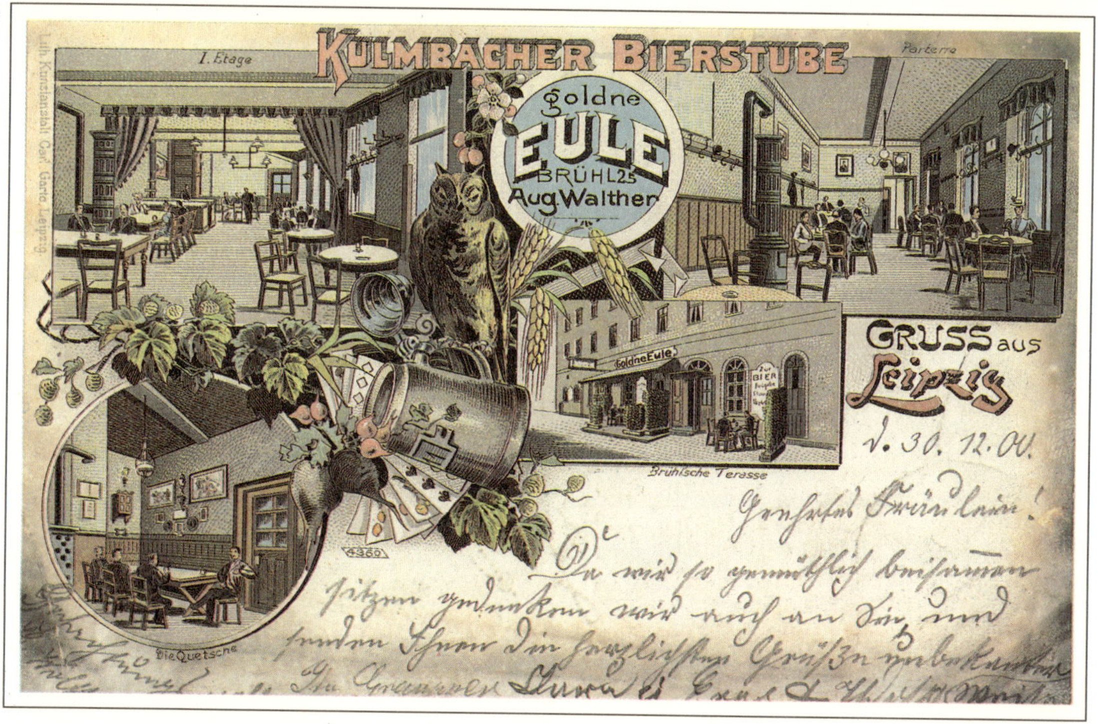

KULMBACHER BIERSTUBE
I. Etage
Parterre
Goldne
EULE
BRÜHL 25
Aug. Walther
Goldne Eule
Brühlsche Terasse
Die Quetsche
4360
GRUSS aus
Leipzig
d. 30. 12. 00.

Erbaut 1572.
N:25.
Aeltestes Bierlokal Leipzigs. Inhaber: Carl Steineck.
Burgkeller.
Bruno Bürger u. Ottillie, lith. Anst. Leipzig
Burgkeller
Leipzig
Am Durchgang
nach d. Rathhaus u. Siegesdenkmal
Fernsprecher 717 I.
Leipzig, d.

56

No 329
GRUSS aus
Hôtel de Saxe
LEIPZIG.
Anno CHRONIKA.
1213 Gegründet durch Augustinermönche.
1300 Eingerichtet als Brauhaus.
1480 Umgebaut z. Wohnhaus d. Dr. Braunsberger.
1517 Verkauft a. Bürgermstr. Wolf Wiedemann.
1741 Umgewandelt in ein Gasthaus.
1761 Benannt Hôtel de Saxe.
1809 Wohnte hier Napoleon.
Inhaber:
G. HÜBNER.
Bruno Bürger & Ottillie Lith. Anst. Leipzig.

57

Etablissement u. Eiswerke.
Nr 3505
Gruss vom CHARLOTTENHOF
Inh. L. Uhlemann.
Leipzig Lindenau.
Bruno Bürger & Ottillie, Lith. Anst. Leipzig

58

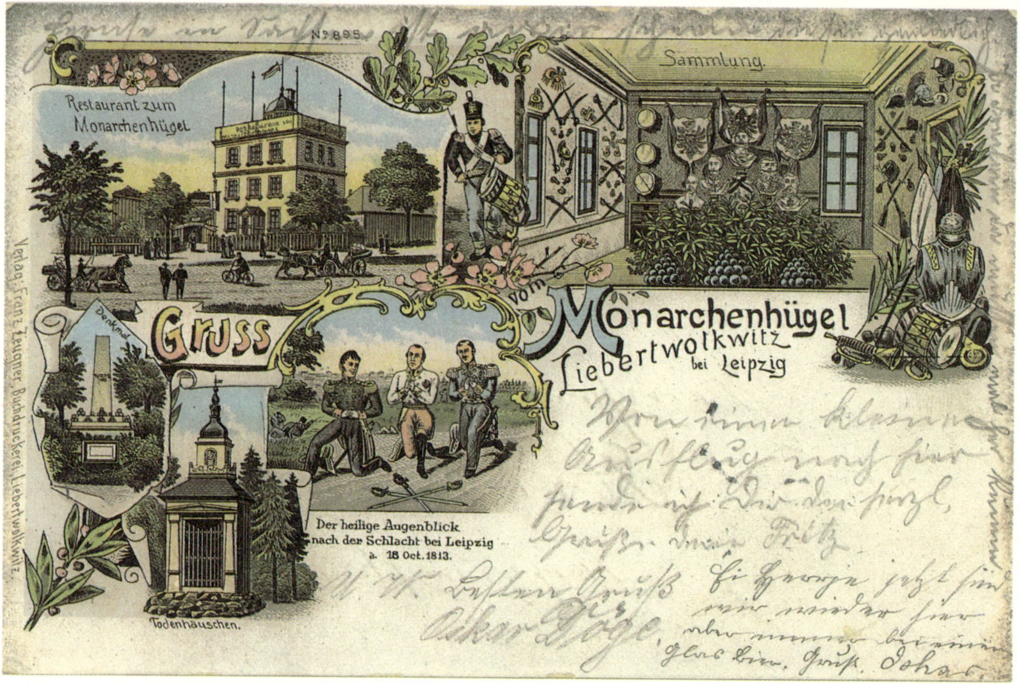
No 895
Restaurant zum Monarchenhügel
Sammlung.
Gruss vom Monarchenhügel
Liebertwolkwitz bei Leipzig
Denkmal
Todenhäuschen.
Der heilige Augenblick nach der Schlacht bei Leipzig a. 18 Oct. 1813.
Verlag: Franz Zeugner, Buchdruckerei, Liebertwolkwitz.

59

202
Zoolog. Garten.
GELLERT
Bruno Bürger u. Ottillie, Lith. Anst. Leipzig
Gruss aus dem LEIPZIGER ROSENTHAL.
Schweizerhäuschen.
Bonorand
Zöllner-Denkmal.

60

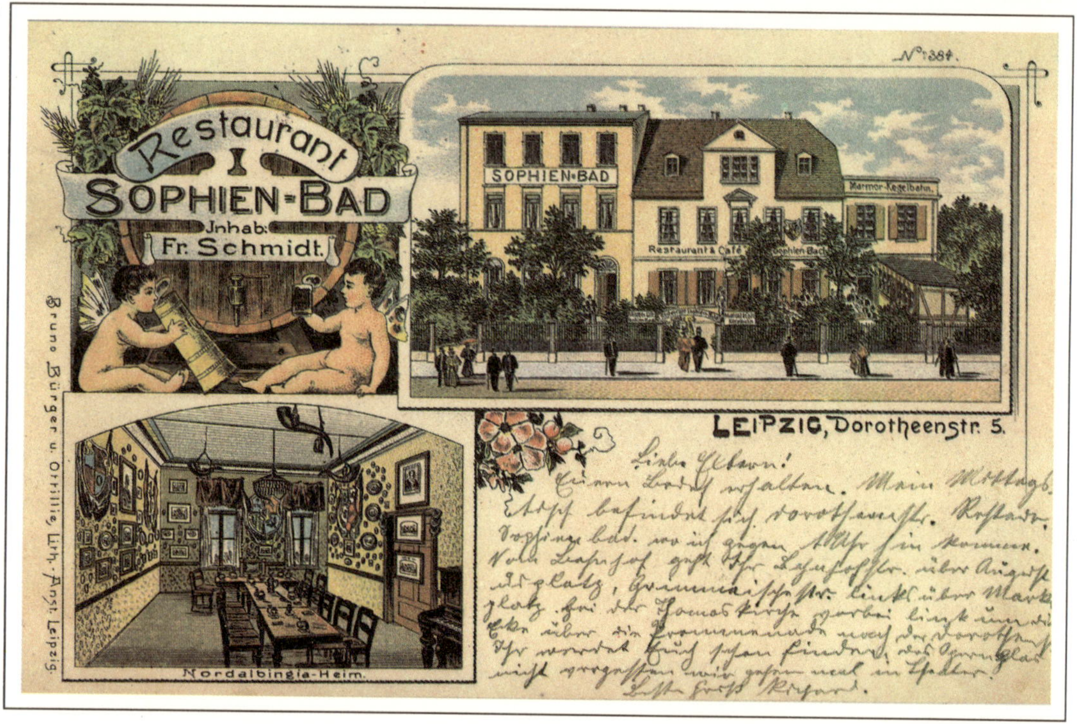

No. 384.
Restaurant
SOPHIEN-BAD
Inhab: Fr. Schmidt.
SOPHIEN-BAD
Marmor-Kegelbahn.
Restaurant & Café
LEIPZIG, Dorotheenstr. 5.
Nordalbingia-Heim.
Bruno Bürger u. Ottillie, Lith. Anst. Leipzig.

61

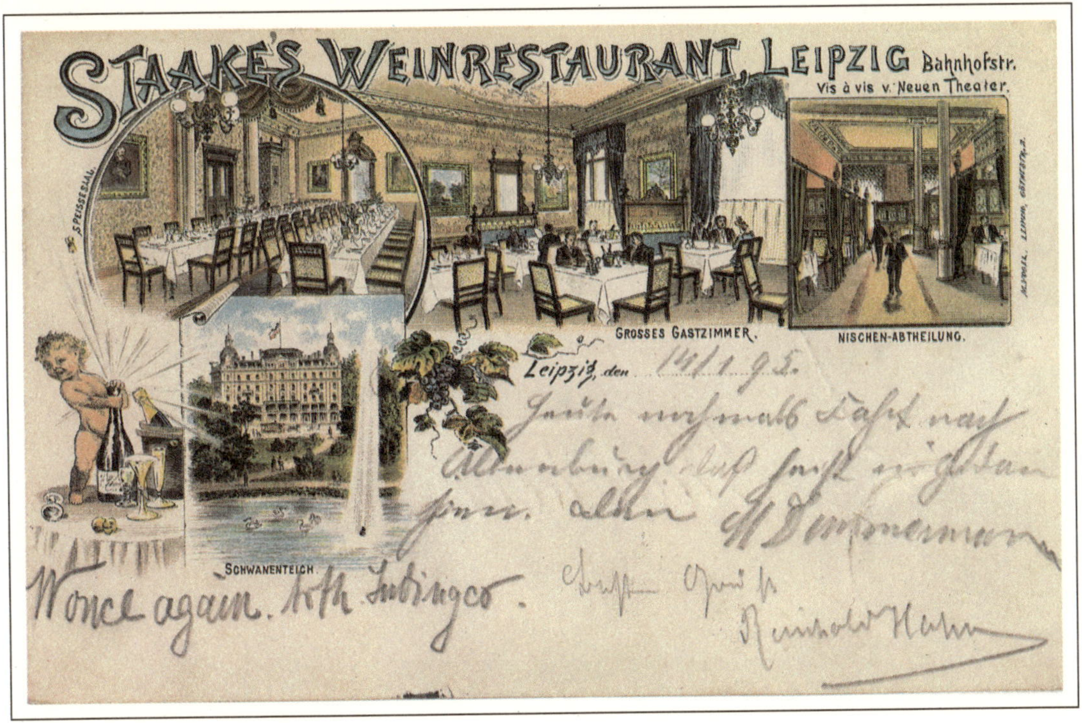
STAAKE'S WEINRESTAURANT, LEIPZIG Bahnhofstr.
Vis à vis v. Neuen Theater.
SPEISESAAL
GROSSES GASTZIMMER.
NISCHEN-ABTHEILUNG.
SCHWANENTEICH.
Leipzig, den

62

Gasthof z. Deutschen Haus
GRUSS
AUS DEM
DEUTSCHEN HAUS (Oswin Klinger)
GASTHOF zum
Leipzig-Lindenau
Restaurant
und
BALL ETABLISSEMENT
CONCERTGARTEN
und
CAFÉ
Lith. Kunstanstalt Carl Garte, Leipzig.

3935
Festsaal.
HOTEL SCHLOSS DRACHENFELS CONCERTPARK
HÔTEL SCHLOSS DRACHENFELS
Bes. Edwin Kühn.
LEIPZIG-GOHLIS. Teleph. 1928
Sehenswertes Vergnügungs-Etablissement I. Ranges
Rendez-vous der fashionablen Welt

Gruss aus dem PANORAMA, LEIPZIG.
Inh. M. Tietsch.
Leipzig den,

Zu den Postkarten

Die in der Klammer nach den Gaststättennamen aufgeführte Jahreszahl bezieht sich auf das Datum des Poststempels, d. h. die Karten sind früher entstanden. Als weitere Angabe ist die Herstellerfirma benannt.

1 *Waldschänke Lößnig (1900; Carl Garte, Leipzig)*
Dieses Ausflugslokal in der Alten Bornaischen Straße 35 (heute Raschwitzer Straße) war ein mitten im Walde gelegener romantischer Aufenthaltsort mit Gartenrestaurant und Gesellschaftssaal. Er lud zu Mittagstisch und Kaffeepause ein. Die auf der linken Seite der Karte dargestellte Familienidylle wird ihren Werbezweck, nämlich zu einem Familiensonntagnachmittagsspaziergang einzuladen, sicherlich erreicht haben. An diese vorzüglich für Wanderer und Spaziergänger geeignete Raststätte erinnert heute nichts mehr. In der Nähe des ehemaligen Standortes durchzieht die F2/F95 die Auenlandschaft.

2 *Burgaue Leutzsch*
(1905; Bruno Bürger und Ottillie, Leipzig)
Dem heute zu Wohnzwecken und als Lager genutzten Gebäude ist das Einladende dieses ehemaligen Gartenrestaurants nicht mehr anzumerken. Das Restaurant bot mit kleinem und großem Saal und der Gelegenheit, im nahegelegenen Wald zu lustwandeln, Vereinen und Pärchen gleichermaßen einen idealen Treffpunkt. Teile des Hauses sind bis zur Gegenwart in der Gustav-Esche-Straße 1 (früher Leutzscher Straße) am Leutzscher Bahnhof erhalten.
Anmerkung: Diese Karte lag den Autoren in zwei Exemplaren vor, unterschiedlich datiert und mit unterschiedlichen Gaststättenbesitzern angezeigt. Das heißt, die einmal gefertigten Steine wurden im Lager aufbewahrt und bei Bedarf wieder benutzt. Bei der sächsischen Landesflagge ist auf dem Vergleichsbeispiel – im Gegensatz zu der abgebildeten Postkarte – der obere Streifen in Grün und der untere in Weiß wiedergegeben.

3 Auenschlösschen Leutzsch
(1904; Bruno Bürger und Ottillie, Leipzig)
Diese Karte ist mit goldener Jugendstil-Zierleiste und Goldschrift versehen. Das als Restaurant (mit Gartenlokal und Café) und Pension gleichermaßen bekannte Auenschlösschen in der heutigen Hans-Driesch-Straße 20 (früher Leipziger Straße), dem Nachbargrundstück der Leutzscher Post, war damals mit der Thüringer Eisenbahn, der elektrischen Straßenbahn oder durch einen Spaziergang vom Stadtzentrum aus, am Schützenhof vorbei, erreichbar. Man konnte sich aber auch, wie auf der Karte erkennbar, mit einem Ein- oder Zweispänner vorfahren lassen. Dieses Restaurant war wegen seiner idyllischen Lage und seiner mäßigen Preise ein von Familien und Fremden gern besuchter Aufenthaltsort. Das Gebäude dient heute als Wohnhaus.

4 Wald-Café Connewitz (1903; Carl Garte, Leipzig)
Der am 17.5.1903 abgesandte Gruß aus dem Vergnügungslokal in der Koburger Straße 6–8 kam schon am 20.5.1903 in Zürich an. Gleichermaßen flott wie die Post scheint auch die Bedienung im Wald-Café gewesen zu sein, denn dieses unter hohen Bäumen gelegene Lokal war sehr beliebt. Man konnte es zu Fuß, mit der Pferdebahn oder per Gondel auf der Pleiße erreichen. Ein Werbeslogan aus dem Wald-Café lautete damals: »Wald-Café Connewitz! Erste Tanzdiele im Freien! Du herrliches Plätzchen im schattigen Grün, Wald-Café Connewitz, zu dir zieht's mich hin!« Oft fanden hier Militärkonzerte des 107. Regiments statt. Laubenplätze für Pärchen und eine Rotunde (über deren Eingang prangte die Einladung: »Dem Glücklichen schlägt keine Stunde!«) waren besondere Anziehungspunkte dieser Wirtschaft, an deren Stelle sich heute die Koburger Brücke (Auffahrt zur F2/F95) befindet.

5 Schützenhaus Sellerhausen (1902; Carl Garte)
Am ›Kunstwerk‹ Ansichtskarte wirkten auch die Absender mit. ›Richtiges Leben‹ bekommt sie ja erst, wenn sie benutzt, d.h. beschrieben und abgesandt ist. Auf dieser Karte berichten drei angeheiterte Herren, daß sie in dem altdeutschen Restaurant mit Ballsaal und schönen Gartenanlagen noch einige Glas Bier trinken wollen und zu gern den

»Lustigen Ehemann« tanzen möchten. Das war sicherlich einer der Hits auf den Tanzböden um die Jahrhundertwende. Heute befindet sich in dem Haus dieses einstmals bekannten Vergnügungslokals in der Ernst-Thälmann-Straße 129 (früher Eisenbahnstraße) eine Kinderkrippe. Im Laufe der Jahre wurde das Gebäude mehrfach umgebaut. Auf einem Teil des ehemaligen Gartenterrains des Schützenhauses Sellerhausen lädt zur Zeit die kleine Gaststätte »Rheingold« (Ernst-Thälmann-Straße 131b) zum Bier ein.

6 *Eiskellerpark Connewitz (1898; Louis Glaser)*
Von den 3000 Personen, die sich laut Werbung im Eiskellerpark bei gastronomischer und kultureller Betreuung aufhalten konnten, fanden allein 1000 im großen Konzertsaal Platz. Weiterhin waren ein Restaurant mit kleinem Gesellschaftssaal sowie ein großes Gartenlokal vorhanden. Heute werden im Eiskeller (Jugendklubhaus Erich Zeigner), Koburger Straße 3, Jugendtanzveranstaltungen sowie Tauschbörsen, auch für Postkartensammler, durchgeführt.

7 *Gasthof Abtnaundorf (1899; Bruno Bürger)*
Der ehemalige Gasthof Abtnaundorf, heute als Lagerraum genutzt, befindet sich in der Heiterblickstraße 8 in Leipzig-Abtnaundorf, nordöstlich vom Zentrum Leipzigs. Das Fachwerkhaus wurde im Jahre 1792 erbaut; es kann also auf ein Alter von fast 200 Jahren zurückblicken. Der Gastwirtschaftsbetrieb endete im Jahre 1968. Der Gasthof faßte rund 150 Personen und war ein beliebtes Ausflugsziel mit großem Garten und Kegelbahn.

8 *Park Meusdorf (1903; Carl Garte)*
Der Park Meusdorf in der Preußenstraße 138 (heute Leninstraße) war einer der ältesten Gasthöfe Sachsens. Mit 49000 qm waren seine Anlagen einzigartig: ein Gartenlokal, dessen Umgebung vom Leipziger Restaurateur Julius Guthardt vollständig umgebaut und zu einem ›Weltetablissement‹ umgestaltet wurde. Der Park besaß Lokalitäten von sehr großer Ausdehnung, welche über 14000 Personen fassen konnten. Auf historischem Boden der Völkerschlacht liegend, befanden sich hier im Gelände des Parkes das Schwarzenberg-Denkmal und ein Massengrab. Am 18. Oktober 1913,

zur Einweihungsfeier des Völkerschlachtdenkmals, waren hier alle zur Jahrhundertfeier in Leipzig weilenden deutschen Fürstlichkeiten sowie Kaiser Wilhelm II., König Friedrich August von Sachsen, König Ludwig von Bayern und Erzherzog Ferdinand von Österreich versammelt. Große Militärkonzerte, Theater- und Kabarettaufführungen, Schießstand, Kegelbahn sowie einer der schönsten Kinderspielplätze in Deutschland boten den Gästen reichlich Abwechslung und Unterhaltung. Begeisterung weckten die im Restaurant installierten Tischtelefone. In der Leninstraße 390, auf dem Gelände des Parkes Meusdorf, befindet sich heute ein Altersheim, dessen Name Feierabendheim Park Meusdorf an die ehemalige Anlage erinnert.

9 *Waldhof Lindenau (1901; Carl Garte)*

Der Waldhof Lindenau befand sich in der Calvisius-/Ecke Leutzscher Straße (heute William-Zipperer-Straße). Das Restaurant verfügte über das nahezu obligatorische Angebot von Gartenlokal, Gesellschaftssaal, Kegelbahn und Billard. Die jetzige Club Diskothek Waldhof im Erdgeschoß (in den oberen Etagen befinden sich heute Wohnräume) erinnert kaum noch an die einstige Pracht. Die Karte ist besonderer Betrachtung wert. Spielkarten, Bierkrug und Bierglas, Weinflaschen und Rettiche weisen auf die gastronomischen Genüsse hin. Der Saal wirkt im Verhältnis riesig. Hingewiesen sei auf die gelungenen Pferdedarstellungen sowie auf die auch hier aufgezogene grün-weiße sächsische Flagge.

10 *Kiachta Hütte Möckern (1904; Bruno Bürger und Ottillie)*

Im Norden Leipzigs, in Möckern, an der Wettinbrücke, betrieb man in diesem Holzbau einen Ausschank. Die Innendekoration mit landwirtschaftlichen Geräten, hochtrabend als »Bauernmuseum« betitelt, sollte zur Werbung beitragen. Der Inhaber des Restaurants war ein Zigeuner, welcher sich in entsprechender Kleidung zur Schau stellte. Er und seine Familie sowie das Dienstpersonal bewohnten die oberen Etagen des danebenliegenden Steingebäudes, in dessen Erdgeschoß sich ebenfalls eine Gaststätte mit Außensitzen befand. Durch die nahegelegene Bootsanlegestelle und das Freibad hatte man im Sommer reichlich Kundschaft. Der Kiachta-Werbespruch bezog sich auf einen erfrischenden Karawanentee, benannt nach dem chinesisch-russischen Grenzort Kiachta. Der Holzbau ist heute verschwunden, das Steingebäude aber wird jetzt als Mietshaus am Marienweg 1 genutzt.

11 *Gasthof zur historischen Oberschänke Gohlis (1900; Carl Garte)*
Diese Gaststätte war ein beliebtes Ausflugsziel, den Leipzigern auch unter dem Namen »die obere Schänke« bekannt. In der historischen Oberschänke, die bereits 1593 gegründet wurde, gab es Bier sowie »Kaiser- und Kurfürstengose in allen Nummern« im Angebot. Die Oberschänke lag in unmittelbarer Nähe von Cajeris Gosenstube »Ohne Bedenken« (Bild 47), in der Menckestraße. Anziehungspunkt war ein Stammtisch, der den Namen des in Leipzig geborenen volkstümlichen Lustspieldichters Roderich Benedix (1811–1873) trug. Die Oberschänke besaß ein schönes Gartenlokal und einen Tanzsaal, wo öfters Veranstaltungen, besonders Kränzchen mit Ballmusik, stattfanden. Seit 1939 stehen an der Stelle des abgerissenen Etablissements Wohnhäuser.

12 *Friedrichshallen Connewitz (1901; Bruno Bürger und Ottillie)*
Die Friedrichshallen in der Brandstraße 11–13 trugen früher den Namen Waldschlösschen Connewitz. Das bekannte Vergnügungsetablissement »I. Ranges«, Hotel und Ballhaus mit Tanzpalast, wurde in zweiten Weltkrieg ausgebombt.

13 *Gasthof Probstheida (1902; Karl Voigt)*
Im Südosten Leipzigs, in Probstheida, auf dem durch die Völkerschlacht bei Leipzig historischen Gelände, befand sich in der damaligen Preußenstraße 57 dieser Gasthof mit schönem Gartenlokal und Tanzsaal. Heute werden die Reste des ehemaligen Gasthofes Probstheida im Flurstück Leninstraße 233, Ecke Russenstraße, von einem Betrieb genutzt.

14 *Kunze's Garten (um 1900; Bruno Bürger und Ottillie)*
Vom Kleinkind bis zum Greis waren im schönen Garten mit Kolonnaden, Kegelbahn und Spielplatz alle Gäste willkommen. Man konnte hier vorzüglich Bayrisch- und Lagerbier sowie auch Gose ge-

nießen. Es wurde eine reichhaltige Speisekarte geboten. Als Spezialität galten Apfelmus, frischer Maitrank und Speckkuchen. Kunze's Garten befand sich an der Johannisgasse 9/Grimmaischer Steinweg 14. Das Gelände gehört jetzt zum Interhotel am Ring.

15 *Restaurant zur Petersburg*
(1898; Bruno Bürger und Ottillie)
»Hier geht's ziemlich launig zu«, schreiben die Gäste aus diesem Restaurant, in welchem echtes Pilsner verzapft wurde. Die Petersburg in der Zeitzer Straße 4 beherbergte später das Café Ritter. Als Café Peterssteinweg ist in der Karl-Liebknecht-Straße 4 bis heute eine gastronomische Einrichtung verblieben.

16 *Restaurant Landhaus zu Stünz*
(1904; Bruno Bürger und Ottillie)
Jeden Sonntag Konzert und eine umfangreiche Speisekarte waren die Vorzüge des Landhauses im Vorort Stünz, nahe Sellerhausen. Besonders empfahl man den zug- und staubfreien Garten. Das kleine historische Gebäude in der Rudolf-Renner-Straße 16 (früher Thielmannstraße), Ecke Zweenfurther Straße, dient heute als Wohnhaus. In unmittelbarer Nähe befand sich ein weiteres Restaurant, der heute als Lager dienende Gasthof Stünz.

17 *Gasthof Wahren*
(1906; Bruno Bürger und Ottillie)
Nordwestlich vom Zentrum Leipzigs, in Wahren gelegen, empfahl sich der Gasthof neben dem Rittergut (Rittergutsstraße, jetzt Straße der Jungen Pioniere 1–5) mit dem Ausschank von Ulrich-Bier, Döllnitzer Rittergutsgose und Obstwein. Für Gesellschaften, Schulen, Vereine und Familien boten sich Belustigung und Unterhaltung. Im Garten konnten Alpenpanorama, Grotten, ein Wasserfall, Springbrunnen und ein Raubtierhaus besichtigt werden. Jeden Sonntag wurden Konzerte und nach den Konzerten Gesellschaftsbälle veranstaltet. In den Sommermonaten lockte jeden Dienstag das »Münchner Alpenfest« in den Gasthof; dabei wurden die um diese Zeit beliebten Illuminationen vorgeführt – über dem Alpenpanorama zeigte sich ein legendäres Alpenglühen. Der Gasthof Wahren

wurde 1921 als Restauration aufgegeben und 1937 abgerissen.

18 *Restaurant zum Nordpol*
(um 1900; Gebrüder Möckel, Leipzig)
Dieses Restaurant im Zentrum Leipzigs, in der kleinen Fleischergasse 12, hieß bis 1899 Goldhalle. Den neuen Namen erhielt es nach einem Besitzerwechsel, wobei die Ausstattung mit polarmäßigen Requisiten erfolgte. Auch dieses Restaurant wurde im Jahre 1943 ein Opfer des zweiten Weltkrieges. An der Stelle steht heute ein Wohnhaus, in dessen Erdgeschoß sich ein Geschäft befindet.

19 *Goldener Anker Möckern*
(1901; Hugo Richter, Leipzig)
Das Konzert- und Ballhaus Goldener Anker befand sich im Leipziger Norden, in Möckern, in der Knopstraße 1. Die Gastwirtschaft und das Konzert- und Ballhaus lagen dicht nebeneinander. Außerdem war ein schönes Gartenlokal vorhanden. Die ehemalige, auch in der Geschichte der Leipziger Arbeiterbewegung eine Rolle spielende Gastwirtschaft dient heute als Jugendklubhaus.

20 *Café Röthel Eutritzsch*
(1910; Bruno Bürger und Ottillie)
Ebenfalls im Leipziger Norden, in Eutritzsch, befand sich das Café Röthel, in der damaligen Delitzscher Straße 67, nahe der ehemaligen Gosenschänke Eutritzsch. Man wurde hier im Parterre und in der ersten Etage bedient und konnte zu dem angebotenen feinen Gebäck sein »Schälchen Heeßen« schlürfen. Heute befindet sich im gleichen Hause, in der jetzigen Straße der Deutsch-Sowjetischen Freundschaft 67, das Café am Eutritzscher Markt, in dem man wie damals im Parterre und in der ersten Etage Kaffee und Kuchen genießen kann.

21 *Goldner Adler Lindenau*
(1901; Otto Uhlemann, Leipzig-Lindenau)
Das repräsentative Gebäude des ehemaligen Goldnen Adlers Lindenau ist in der Angerstraße 49a und 49b zu besichtigen. Auch hier gab es ein Gartenrestaurant, eine Kegelbahn und einen Tanzsaal. Dieses Lokal war ein Versammlungsort der KPD, an dem später auch Ernst Thälmann als Redner aufgetreten ist. Heute sind hier nur Wohnungen.

22 *Gasthof Reichsverweser Kleinzschocher (1898; Roesch und Winter, Leipzig)*
Diese einstmals berühmte Gastwirtschaft hieß in früheren Zeiten Der graue Wolf. Erst im Jahre 1849 erfolgte durch den damaligen Wirt die Umbenennung Zum Reichsverweser. Der Name bezog sich auf einen Besuch des Reichsverwesers Erzherzog Johann von Österreich in Leipzig. Der Gasthof befand sich zwischen der heutigen Straße des Komsomol und der Windorfer Straße, gegenüber der alten Volksschule und dem von Tauchnitzschen Schloß. Die frühere Anschrift war Diskaustraße 93. Der Gasthof Reichsverweser wurde im zweiten Weltkrieg zerstört.

23 *Kaffeehaus Reichspost (1903; Bruno Bürger und Ottillie)*
In der ersten Etage des Hauses Brühl 31/33 befand sich das Kaffeehaus Reichspost. In diesem sehenswerten historischen Lokal konnten große Sammlungen von Waffen, Kupferstichen, amtlichen Dokumenten und Uhren des 16. Jahrhunderts sowie zahlreiche automatische Kunstfiguren besichtigt werden. Täglich fanden in zwei Sälen mit 500 Plätzen Konzerte erstklassiger Kapellen statt. Unter den 50 verschiedenen Musik- und Kunstautomaten waren ein riesiges Orchestrion (zum ersten Mal in einer Leipziger Gaststätte) und der 48 Stücke blasende Postillion die auffälligsten Exponate. Das Kaffeehaus Reichspost wurde 1943 ein Opfer der Bomben des zweiten Weltkrieges.

24 *Café Royal (1899; Louis Klemich, Dresden)*
Im Gebäude des bekannten jüdischen Warenhauses Ury Gebrüder auf dem Königsplatz 15 (heute Wilhelm-Leuschner-Platz) bot das Café Royal neben gepflegter Gastronomie auch Gelegenheit zu männlicher Unterhaltung. Im Billardsaal konnte man an 10 Billardtischen die Queues »kreuzen«. Das Gebäude wurde im zweiten Weltkrieg zerstört.

25 *Börsen-Restaurant (1901; Bruno Bürger und Ottillie)*
Betrat man den Blücherplatz (Tröndlinring 2, an der Gerberstraße), so sah man rechts die neue Börse, die in den Jahren 1885 bis 1886 mit einem Baukostenaufwand von 1,3 Millionen Mark errich-

tet worden war. Im Erdgeschoß der neuen Börse hatte man das renommierte Börsenrestaurant eingerichtet. In den Ruinen des von Bomben stark betroffenen Gebäudes befand sich nach 1945 noch ein kleines Kellerlokal Zur Börse.

26 *Etablissement Apollo*
(1900; Robert Starke, Leipzig)
Der griechische Gott Apollon (bei den Römern Apollo) lieh diesem Etablissement seinen Namen. Es befand sich in der Nähe des Bayrischen Bahnhofes, Windmühlenweg 30 (heute Philipp-Rosenthal-Straße). Das Haus mit Kolonnaden, großem Ballsaal mit Galerie und einem Konzertgarten prägte das Bild dieses Etablissements, an das heute an Ort und Stelle absolut nichts mehr erinnert. Der auf der Karte mit Krönchen abgebildete Schwan könnte vielleicht darauf verweisen, daß auch Ballettvorführungen (Schwanensee) im Apollo stattfanden.

27 *Concert-Etablissement Pologne*
(1898; Bruno Bürger und Ottillie)
Das Hotel de Pologne in der Hainstraße 16–18 gehörte zu den »feinsten Adressen« in der messestädtischen City. Es steht auf historischem Boden, denn im Jahre 1500 hatte sich an gleicher Stelle die Herberge Zum Drucker Melchior Lotter etabliert. Bekannte Gäste waren Philipp Melanchthon und Martin Luther, die 1519 wegen der berühmten Disputation mit Dr. Eck in Leipzig weilten. Aus der Herberge entstand im 17. Jahrhundert der Gasthof zum Birnbaum, in dem im Jahre 1706 der polnische König Stanislaus Leszynski wohnte. Daher auch der Name Hotel de Pologne (seit 1828). Im Jahre 1820 übernachtete hier der junge Ludwig Richter, der darüber in seinen Lebenserinnerungen schrieb. Bis zum Jahre 1917 wurde das Haus als Hotel betrieben. Anschließend hat man es nur noch für Messezwecke genutzt. Jetzt befindet sich in der Hainstraße 16–18 eine Abteilung des Leipziger Messeamtes. Das Haus wurde völlig modernisiert. Der noch existierende große Saal mit schönen Deckengemälden und Stukkaturen war einst einer der großen Festsäle in Leipzig.

28 *Zill's Tunnel (1897; Bruno Bürger)*
Er gehört zu den noch heute existierenden histori-

schen Gaststätten Leipzigs, zu finden im Barfußgäßchen 9, in der Nähe des Marktplatzes. Seit 1785 bewirtete man hier im Vorgängerhaus, einem Bierausschank, seine Gäste. Seit 1841 nennt sich der ehemalige Biertunnel nach seinem damaligen Wirt Zill; der Name »Tunnel« kam wegen der gewölbten niedrigen Decke des Lokals auf. Zu den Stammgästen, die dem Hause Rang und Glanz verliehen, gehörten der Lustspieldichter Roderich Benedix, Viktor Neßler – der Schöpfer des »Trompeters von Säckingen« – sowie die Komponisten Heinrich Pfeil und Karl Zöllner. Letzterer soll in dieser Gaststätte sein bekanntes Volkslied »Das Wandern ist des Müllers Lust« ersonnen haben. Das jetzige Haus steht seit 1888 und wurde vom Brauereibesitzer Naumann errichtet. Eine Rekonstruktion des Hauses erfolgte im Jahre 1969.

29 *Dorotheenhof*
(1896; da eine Firma oder ein Lithograf nicht auf der Karte verzeichnet ist, handelt es sich möglicherweise um einen Schwarz- oder Raubdruck)
Dieses luxuriöse und moderne Restaurant mit Café und Billard war ein gern besuchter und angenehmer Aufenthaltsort. In den Räumen des einstigen Dorotheenhofes befindet sich heute die Nachttanzgaststätte Intermezzo am Dittrichring 1.

30 *Café Ziegler (1897; Hugo Richter)*
Das Café Ziegler war ein feines Café mit Konditorei. Die Karte stammt aus dem Eröffnungsjahr des Cafés, das später Café am Alten Theater hieß. Das Haus am Theaterplatz 1 (dem späteren Richard-Wagner-Platz 1) trägt seit 1767 den Namen Großer Blumenberg. Im zweiten Weltkrieg war es teilzerstört. 1978/79 erfolgte eine umfassende Rekonstruktion dieses Zeugnisses klassizistischer Bauweise in Leipzig. Mit dem Platz, an dem dieses Haus steht, verbinden sich vielfältige Traditionen Leipziger Theatergeschichte. Im Jahre 1749 trat hier auf einem Färberboden, den man als Theatersaal benutzte, die bedeutende Schauspielerin und Wegbereiterin eines echten Volkstheaters im 18. Jahrhundert, Friederike Caroline Neuber, genannt die Neuberin, mit ihrer Theatertruppe auf. Einst begegneten sich Leipzigs Schauspieler sowie Prominente aus aller Welt in diesen Räumen, von denen bis heute noch das Café am Brühl verblieb.

31 *Weisses Röss'l*
(1899; Regel und Krug, Leipzig)
In den Leipziger Adreßbüchern um 1900 sucht man vergebens nach dem Hotel und Restaurant Weisses Röss'l. Unter dem Namen Hotel Stadt London war es der Bevölkerung schon seit 1800 bekannt, erfreute sich allerdings nicht des besten Rufes. Täglich traten hier renommierte Damenkapellen auf. Das Gebäude in der Nikolaistraße 14 mußte im Jahre 1911 dem Neubau des Geschäftshauses Rosenkranz weichen.

32 *Hotel zum Dresdner Bahnhof*
(1897; Louis Glaser, Leipzig)
In England richtete man gleich in den Bahnhöfen Hotels ein, eine Gepflogenheit, welche auch in Deutschland in manchen Städten Schule machte. In Leipzig war das beim Eilenburger Bahnhof, dem Berliner Bahnhof, dem Thüringer Bahnhof, dem Magdeburger und dem Dresdner Bahnhof der Fall. Das Hotel Dresdner Bahnhof befand sich am Georgiring 15, in den Gebäuden jenes Bahnhofs, von dem aus 1839 die historische erste deutsche Überlandeisenbahnfahrt von Leipzig nach Dresden erfolgt war. Auf dem Terrain des früheren Thüringer, Berliner, Magdeburger und Dresdner Bahnhofs wurde 1902–1915 der spätere Leipziger Hauptbahnhof errichtet.

33 *Restaurant zur Reichs-Ecke*
(1899; Firma und Lithograf sind nicht verzeichnet)
Das Restaurant zur Reichs-Ecke befand sich in der Reichsstraße 45/47, neben dem bekannten Knaben- und-Herren-Garderobe-Geschäftshaus von H. Hollenkamp & Co. Beide Häuser fielen den Bomben des zweiten Weltkrieges zum Opfer.

34 *Weisser Hirsch (1899; Emil Pinkau, Leipzig)*
Der Weisse Hirsch war ein Kaufhausneubau von 1898/99, der den Namen des Teilgrundstückes an der Windmühlenstraße 12, Weisser Hirsch, fortführte. Eine Schankstätte ist an dieser Stelle seit 1826 nachweisbar. Die abgebildete Gaststätte war ein gernbesuchtes und bekanntes Restaurant mit Konditorei und Stehbierhalle. An den Wänden des Jägerheims konnten die Gäste zahlreiche Jagdtrophäen bewundern. Auch Selbstbedienung hatte man zu dieser Zeit schon eingeführt. Auf dem

Dachgiebel prangte das ›Markenzeichen‹ des Restaurants, die Plastik eines weißen Hirsches. Die Karte gewährt einen Blick auf die Markthalle und das Panorama. Leider fielen auch die zahlreichen Häuser und Lokalitäten in der Windmühlenstraße, unter ihnen der Weisse Hirsch, den Bomben des zweiten Weltkrieges zum Opfer.

35 *Automaten-Restaurant*
(1901; Bruno Bürger und Ottillie)
Seit etwa 1895 stellte man Automaten in den Dienst des Gastwirtschaftswesens. In Leipzig gab es laut Woerl's Reisehandbuch um 1910 schon zehn Automatenrestaurants. In der Hainstraße 26 befand sich das Automaten-Restaurant und Café der Leipziger Automatengesellschaft. Hier konnte man auch Billard spielen und zahlreiche mechanische Automaten bewundern. Das Haus in der Hainstraße 26 steht noch, der Giebel ist allerdings zerstört.

36 *Palmengarten*
(1903; Bruno Bürger und Ottillie)
Der 25 ha große Palmengarten befand sich zwischen der Angerbrücke und der Karl-Heine-Straße (heute zum Clara-Zetkin-Park gehörend), dem Areal der Sächsisch-Thüringischen Gewerbeausstellung von 1897. Der Palmengarten war eine der vornehmsten Erholungsstätten Leipzigs. Manchmal wurde er an einem Tage von über 20 000 Menschen besucht. Hier befanden sich ein Gesellschaftshaus, ein Palmenhaus, prächtige Teiche und Gartenanlagen, Spielplätze und kunstvoll bepflanzte Teppichbeete. Unter den schattigen Bäumen des Konzertparkes bot eine gedeckte Halle für 2 000 Personen Unterkunft und Schutz bei ungünstiger Witterung. Der glanzvolle Mittelpunkt der Gesamtanlage war das Gesellschaftshaus mit stilvollem großem Festsaal, an den sich nach drei Seiten behagliche Nebensäle und nach Süden zu, durch eine mächtige Spiegelglasscheibe schon von den Sälen aus sichtbar, das 1 200 qm große, mit prachtvollen Palmen sowie anderen tropischen Gewächsen reichbesetzte Palmenhaus anschlossen. Im Sommer fanden hier täglich Konzerte statt. Weiterhin wurden große Gartenfeste mit Feuerwerk und elektrischen Illuminationen sowie Bootsfahrten veranstaltet. Im Winter gab es drei- bis

viermal wöchentlich Gesellschafts- und Sinfoniekonzerte. Auf den Teichanlagen konnte man Schlittschuh laufen. Die Gastwirtschaft war ersten Ranges, mit Café und eigener Konditorei. Der Palmengartenkomplex wurde im Jahre 1939 abgerissen, um Platz für eine Gutenbergausstellung zu schaffen, die aber durch den Beginn des zweiten Weltkrieges nicht mehr zustande kam.

37 *Café Gesswein (1900; Hugo Richter)*
In dem bekannten Café Gesswein am Brühl 21 gab es eine Erinnerungsstätte an Johann Wolfgang Goethe und dessen Freundin Käthchen Schönkopf zu besichtigen. Das Schönkopfsche Haus, in dem der junge Dichter während seiner Leipziger Studentenzeit verkehrte, lag allerdings nebenan, in Nr. 19. Der Hausname vom Brühl 21 lautete Goldener Apfel (erbaut 1697), da das Hauszeichen einen auf einem goldenen Apfel stehenden Engel darstellte. 1910 wurde das Gebäude abgerissen.

38 *Schloss Debrahof Eutritzsch*
(1897; Bruno Bürger und Ottillie)
Das Schloß Debrahof war eine bekannte Eutritzscher Obstweinschänke, in der Gräfestraße 31 gelegen. In der Nähe des großen und schönen Gartenlokals mit Terrassenanlagen befand sich der Helios-Sportplatz, der heute den Namen Sportplatz Debrahof trägt, so daß der Name noch jetzt an diese Lokalität erinnert. An der Stelle der einstigen Anlagen befinden sich heute Privatgärten.

39 *G. Schürer's Restaurant & Café*
(1898; Mohnen und Mass, Leipzig)
Dieses Restaurant hatte seinen Standort am Ende der Waldstraße, in der Nähe des Rosentals. Idyllisch an der Rosentalbrücke (Waldstraßenbrücke) und am Elstermühlgraben gelegen, hieß es später (ab 1900) wegen seines schloßähnlichen Aussehens und wegen der hier durch das nahe Wasser sehr zahlreichen Mücken das Mückenschlösschen. Bis 1915 wurde die Gaststätte betrieben. Heute befinden sich in dem Haus, nunmehr Waldstraße 86, Wohnungen, ein Verlag und ein Kindergarten.

40 *Auerbachs Keller*
(1896; Bruno Bürger und Ottillie)
In den Jahren 1530–38 ließ Heinrich Stromer, Pro-

fessor und Ratsherr in Leipzig, in der Grimmaischen Straße ein älteres Haus umbauen. Nach des Besitzers Geburtsstadt Auerbach in der Oberpfalz erhielt das Haus seinen Namen. Diese historische Gaststätte im Zentrum von Leipzig blickt also auf eine Geschichte von über 450 Jahren zurück. Berühmt wurde Auerbachs Keller durch seinen Zusammenhang mit der Faustsage. Dieser ›Wundertäter‹ soll nach alten Berichten tatsächlich um 1525 in Leipzig zur Messe aufgetreten sein. Angeblich ritt er hier beim Zechen mit Studenten auf einem riesigen Weinfaß die Treppe hinauf. Ein solches Faß ist noch heute im unteren Keller zu besichtigen. Hier befindet sich auch das Hauszeichen des Grundstücks, ein in Stein gehauener Bacchusknabe mit Krug und Faß und der Jahreszahl 1530. Während seiner Leipziger Studentenzeit besuchte Goethe Auerbachs Keller. Auf den angehenden Dichter hinterließ das Faust-Milieu unauslöschliche Eindrücke. Durch Goethes »Faust« wurde der Keller später weltberühmt. Die vielen Kunstwerke und Dokumente an den Wänden vermitteln ein Bild von sorgsam bewahrter Tradition. Im Jahre 1913, nach dem Umbau, bot sich Auerbachs Keller als erweiterte Anlage dar. Es entstanden der Raum Alt Leipzig und die große Halle mit Bildern nach Motiven aus Goethes »Faust«. Im Goethe-Keller hängen die ältesten überlieferten Gemälde (1625 von Andreas Bretschneider auf Holztafeln gemalte Bilder) mit Darstellungen der Faust-Sage. Vor dem Eingang des Restaurants stehen in der Passage die von Matthieu Molitor geschaffenen überlebensgroßen Bronzefiguren, auf der einen Seite Faust und Mephisto, auf der anderen die verhexten Studenten. In früheren Zeiten spielte in Auerbachs Keller eine Kapelle junger hübscher Harfenistinnen.

41 *Drei Lilien Reudnitz*
(1909; Bruno Bürger und Ottillie)
Dieses Konzert-, Ball- und Gesellschaftshaus in Reudnitz, im Leipziger Osten gelegen, stand in der Kohlgartenstraße 63. Hier konnte man speisen und Kaffee sowie Wernesgrüner und Riebeckbier genießen. Das Haus, in der Nähe der Lilienstraße, wurde im zweiten Weltkrieg ausgebombt.

42 *Etablissement Bonorand (1901; Emil Pinkau)*
Erbaut im Jahre 1841 von dem Schweizer Zucker-

bäcker Otto Bonorand, stand dieses Ausflugs- und Unterhaltungslokal am Rosentaltor. Das Bonorandsche Etablissement war als Café, Restaurant, Konditorei und Konzertlokal »I. Ranges«, mit seinem prachtvollen, geräumigen und schattigen Garten, den hochgelegenen Sälen und der zugfreien Veranda sehr bekannt; es galt als Lieblingsaufenthalt der besten Gesellschaftskreise. Hier fand mittwochs und sonnabends der sogenannte »Bono-Ball« statt. Das Bonorand war auch das Standquartier des Garde-Korps. Durch Kriegseinwirkung wurde es völlig zerstört. Jetzt gehört das Gelände zum Leipziger Zoo.

43 *Fiedler's Gosenstube*
(1901; C. W. Löwe, Leipzig)
In der Klostergasse drängte sich, wie überhaupt im Zentrum der Stadt, Gaststätte an Gaststätte. Berühmter Nachbar von Fiedler's Gosenstube in der Klostergasse 7 war in Nummer 9 das Hotel de Saxe (Bild 56). Im Haus Nummer 5 hatte, noch bis vor kurzem, die Wildgaststätte Altes Kloster ihr Domizil, in jenem Grundstück, auf dem sich im Mittelalter Wirtschaftsgebäude des Thomasklosters befanden. Bei Fiedlers konnte man die berühmte Döllnitzer Rittergutsgose genießen. Döllnitz, zwischen Schkeuditz und Merseburg gelegen, hatte das absolute Gosemonopol. Hier wurde die Gosefabrikation nach Goslårer Vorbild betrieben. Erst die Folgen des zweiten Weltkrieges brachten das Ende dieser Brauerei. Das Haus in der Klostergasse 7, in dem sich in früheren Zeiten einmal Fiedler's Gosenstube befunden hatte, besaß den Hausnamen Zwei goldene Sterne. Es wurde, wie auch das angrenzende Hotel de Saxe, Klostergasse 9, im zweiten Weltkrieg beschädigt bzw. zerstört. Nur das Haus Klostergasse 5 blieb verschont.

44 *Stadt Nürnberg*
(1899; Bruno Bürger und Ottillie)
Im Jahre 1842 wurde diese Gaststätte erbaut, die in der Bayrischen Straße 8–10, gegenüber dem Bayrischen Bahnhof, stand (heute Arthur-Hoffmann-Straße). Hier fanden Konzerte, Varieté und Sommertheater statt. Das Alberttheater im Hotel Stadt Nürnberg faßte 1200 Gäste. Dieses schöne Hotel-, Konzert- und Theateretablissement hatte im Jahre 1848 »Gasthofsgerechtigkeit« und 1861 die Erlaub-

nis erhalten, den Namen Hotel de Nürnberg zu tragen. Der Hotelbetrieb wurde 1917 eingestellt, 1943 fiel das Haus der Zerstörung anheim.

45 *Drei Linden Lindenau*
(1901; Bruno Bürger und Ottillie)
Um 1885 war die Gaststätte in der Drei Lindenstraße 30/32 der größte Gasthof in Leipzig-Lindenau, in dem zahlreiche Gäste Bayrisch- und Lagerbier sowie vorzügliche Döllnitzer Gose genießen konnten. Im Winter wurden Schlittschuhpartien veranstaltet. Später befand sich an gleicher Stelle das Haus Drei Linden, ein Restaurant und Theaterlokal mit Varieté, Sommertheater, Gartenlokal, Konzert- und Ballsaal sowie Gesellschaftszimmern. Nach dem zweiten Weltkrieg diente es zeitweilig provisorisch als Opernhaus. Heute befindet sich in den Räumlichkeiten dieser ehemaligen Gaststätte die Musikalische Komödie Leipzig.

46 *(auch Einband-Rückseite) Gosen-Schänke Eutritzsch (1900; Hermann Ludewig, Leipzig)*
Die berühmte Gosenschänke in Eutritzsch mit der danebengelegenen Kümmel-Apotheke befand sich auf dem Eutritzscher Markt 7. In diesem Lokal mit Tanzsaal und Kastaniengarten fanden oft Militärkonzerte statt. Vor allem Studenten gehörten zu den Gästen. Im zweiten Weltkrieg wurde die Gosenschänke durch Bomben beschädigt, später als Werkstatt ausgebaut. Die Schankwirtschaften in Eutritzsch waren bei den Leipzigern wegen der hier ausgeschenkten Gose besonders beliebt. Die Gosenschänke Eutritzsch, erbaut um 1640, zu den Resten des ehemaligen Dorfes Eutritzsch gehörend, war die älteste von vier historischen Gaststätten und die erste mit dem Ausschank von Gose. Das Getränk führte 1738 Fürst Leopold von Anhalt-Dessau, der alte Dessauer, ein, bei dem der erste Gosewirt Giesecke Leibdiener war. Über 200 Jahre galt die Gosenschänke als führende Gosengaststätte. Angeblich soll der Alte Dessauer die Gose aus dem Dorf Gladitz im Anhaltischen nach Leipzig-Eutritzsch gebracht haben. In Wirklichkeit ist die Heimat der Gose Goslar, wo es ein Flüßchen gleichen Namens gibt. In der Gosenschänke Leipzig-Eutritzsch konnte man von 1738 bis 1950 Gose genießen. Zur Zeit bietet das historische Gebäude verschiedenen Betrieben Unterkunft, doch die

Bausubstanz wird gesichert, als Voraussetzung für eine spätere Rekonstruktion und entsprechende gesellschaftliche Nutzung.

47 *Cajeris Gosen-Stube »Ohne Bedenken« Gohlis (1902; Bruno Bürger und Ottillie)*

»Ohne Bedenken!« Das soll die Antwort des Kellners auf die Frage der Gäste, ob man dies Getränk auch trinken könne, gewesen sein. Im Jahre 1914 hieß der Inhaber dieser Gosenstube Carl Cajeri. Daher der Name Cajeris Gosen-Stube »Ohne Bedenken«. Sie befand und befindet sich wieder, nach langjähriger ›Ruhepause‹, an ihrem ehemaligen Ort in Leipzig-Gohlis, in der Menckestraße 5. Gegründet wurde diese bekannte Leipziger Gosenstube im Jahre 1858 unter anderem Namen. In früheren Zeiten gab es hier von Mitte März bis Mitte April die beliebte Märzengose zu trinken. Berühmt war damals die Döllnitzer Rittergutsgose. Gose ist helles obergäriges Bier mit geringem Kochsalzgehalt, das als Urleipziger Getränk gilt. Es wird aus Weizen, Gerste und Hopfen hergestellt. Früher wurde die Gose in eigens dafür produzierten grünen bauchigen Flaschen mit langem Hals verkauft. Getrunken wurde sie aus hohen zylindrischen Gläsern. Um 1914 gab es in Leipzig 16 Gosenstuben und 12 Gose-Handlungen. Nachdem es hier viele Jahre keine Gose mehr zu trinken gab (die letzte Gosenschänke war das Hotel Fröhlich in der Wintergartenstraße, das Mitte der 60er Jahre abgerissen wurde), können sich nun seit 1986 die Leipziger und ihre Gäste in der gut geführten Gosenstube wieder an diesem traditionsreichen Getränk laben. Wem die Gose pur nicht gleich schmeckt, der kann sie mit einem Schuß Himbeersaft oder einem Kümmel trinken.

48 *Gasthof zum Goldenen Helm Eutritzsch (1901; Bruno Bürger und Ottillie)*

Der Goldene Helm befand sich ebenfalls im Leipziger ›Gose-Mekka‹, in Eutritzsch, und zwar in der Delitzscher Straße 97 (heute Straße der Deutsch-Sowjetischen Freundschaft). Ein weiterer Zugang befand sich in der Gräfestraße 24. Der Goldene Helm galt als beliebtes Ausflugslokal mit großem Garten und Tanzsaal. In dieser schönen und geräumigen Anlage konnten die Leipziger ›ihre‹ Gose genießen. Im »Helm« wurde anläßlich der alljährlichen Kirmesfeier zwischen Schriftsetzern und Studenten eine Saalschlacht mit Gläsern, Flaschen und Stühlen geschlagen. Unter dem Schlachtruf »Gose ganz famos!« ging's zur ›Sache‹. Außer solch derber Unterhaltung gab es Kränzchen mit Ballmusik oder Schlachtfeste. Im Gebäude und auf dem Gelände des »Helms« befindet sich heute eine Werkstatt.

49 *Thüringer Hof (1898; Louis Glaser)*
Der Thüringer Hof gilt als die volkstümlichste Bierwirtschaft in Leipzig. Er befindet sich in der Burgstraße 19/23, unweit vom Neuen Rathaus. 1454 von Dietrich von Buckendorf erbaut, trat die Gaststätte 1466 erstmals unter der Bezeichnung »Studentenburse« auf. Dies war der Grundstein für ihren Weltruf als Studentenlokal. Wenn auch alle Stände, weltliche und geistliche Würdenträger hier einkehrten, war der Thüringer Hof doch vorwiegend eine Studentenkneipe. Nach der Vereinigung des alten Freyhauses mit der »Studentenburse« entstand im Jahre 1838 der Name Thüringer Hof. Er wurde vom »Tigerwirt« (Goldener Tiger am Brühl) Pietzsch gegründet. Der Thüringer Hof war neutrales Gebiet aller akademischen Bürger. Er ähnelte einer original bayrischen Bierwirtschaft. Hier verkehrten berühmte Persönlichkeiten, z. B. der Dichter Fr. G. Klopstock und der Komponist Robert Schumann. Im Haus gab es verschiedene originelle Räumlichkeiten, wie die Wolfsschlucht, den Richard-Wagner-Saal, das Turnerstübchen, ein Burschenschaftszimmer, das Korpsstübchen, die Lutherstube, die Kantorei und ein Refektorium. Im Jahre 1943 wurde der Thüringer Hof zerstört, 1948/49 in der Erdgeschoßzone wieder aufgebaut.

50 *Rothenburger Erker Kleinzschocher (1897; Carl Garte)*
Das Restaurant Zum Rothenburger Erker befand sich an der Ecke Antonienstraße/Altranstädter Straße in Leipzig-Südwest, in Kleinzschocher. Es besaß ein Hauptrestaurant und eine Pavillon-Terrasse mit Kolonnaden im Garten. Im Erker befanden sich Original-Gemälde von der Sächsisch-Thüringischen Ausstellung 1897. Das Gebäude gehörte zu den schönsten in Kleinzschocher; es enthielt ein Restaurant, ein Caféhaus und ein Etablissement. 1943 fiel der Rothenburger Erker einem Bombenangriff zum Opfer.

51, 52 *Krystall-Palast*
(1906 bzw. 1903; Bruno Bürger und Ottillie)
Dieses größte Vergnügungsetablissement ganz Deutschlands in der Wintergartenstraße 17–19 (unweit vom Hauptbahnhof) faßte alles in allem 15 000 Personen. Es entstand auf dem Gelände des im Jahre 1834 eingeweihten Schützenhauses. Die Alberthalle mit Zirkus und Konzerthalle wurde 1887 eröffnet. Sie besaß 3 500 Plätze. Im Garten befand sich das Varietétheater. Im weltbekannten Krystall-Palast, einem Unternehmen der Crystal-Palace Ltd. Leipzig-London (gebaut nach dem englischen Vorbild Sydenham), fanden Konzerte, Varieté und Zirkus statt. Der Besitzer des ehemaligen Schützenhauses, Hofmann, ließ in einem prachtvollen Trianongarten »Alpenglühen«, die »Gärten der Semiramis«, »die Nadel der Cleopatra« und »die blaue Grotte« gestalten. Fast alle bedeutenden Unterhaltungskünstler der Zeit traten hier auf: der unvergleichliche Jongleur Rastelli ebenso wie die berühmten Drei Rivels und der bedeutende Clown und Humorist Grogh, der Donkosakenchor, Rodella Rouis und Artix – die beste Radfahrnummer der Welt –, die Krystallpalast-Sänger mit ihrem urwüchsigen Humor und viele mehr. Hier gab es auch musikalische Massenaufführungen mit bis zu 1 000 Mitwirkenden. In der Silvesternacht 1918 führte hier Arthur Nikisch mit dem Gewandhausorchester erstmals vor Arbeitern die Neunte von Beethoven auf und begründete damit eine Leipziger Tradition. Eine große Sensation war der »Zirkus unter Wasser«: Innerhalb von drei Minuten überfluteten 150 000 Liter Wasser die Manege. Auch Ringkampfkonkurrenzen fanden statt, wie die Meisterschaften von Europa und die Meisterschaften um den Pokal des Krystallpalastes. In der ersten Etage des Krystallpalastes war ein feiner Saal, der mit dem im Hotel de Pologne (Bild 27) wetteifern konnte. In diesem Weltetablissement gab es Theater, Theater-Varieté, Konzert-Haus, Konzert-Garten, Ball-Haus, Wintergarten, Aquarium, Wiener Café, Konditorei, Restaurants, Gesellschaftshaus der distinguiertesten Gesellschaften Leipzigs, Zirkus, elegantes Weinrestaurant, Bierrestaurant, acht Kegelbahnen, die Tanzgaststätte Kreisel sowie Säle und Vereinszimmer in jeder Größe für alle Arten von Versammlungen und Festlichkeiten. Hier befanden sich u. a. auch die

Verkehrs-Etablissements der internationalen Warenbörse und der internationalen Repräsentations- und Novitäten-Konzerte sowie ein permanentes Ausstellungs-Etablissement. Am 5. 1. 1905 sprach August Bebel in der Alberthalle und im Jahre 1932 Ernst Thälmann im großen Saal des Krystallpalastes. Am 4. 12. 1943 wurde der Krystall-Palast-Komplex durch Bomben zerstört. In einem Teil der Restsubstanz etablierte sich nach dem Krieg der Zirkus Aeros. Seit 1971 befindet sich an gleicher Stelle das Haus der heiteren Muse, in dem vom Studio des DDR-Fernsehens Unterhaltungssendungen produziert werden.

53 *Bären-Schänke (1900; Carl Garte)*
Innerhalb von vier Jahren hatte die Bären-Schänke drei Besitzer. 1895 hieß sie noch Magdeburger Bierhallen; die Umbenennung in Bären-Schänke erfolgte 1897. Das Markenzeichen des Hauses war ein Wappen mit zwei Bären. In den großzügig angelegten Räumlichkeiten fand der Spezialausschank von Leonard Eberleins Export-Brauerei Kulmbach statt. Das Haus in der Nikolaistraße 15 mit den schönen Erkern steht nicht mehr.

54 *Goldne Eule (1900; Carl Garte)*
Die Goldne Eule am Brühl 25 war eine Original-Bierstube. Hier konnte man im Parterre und in der ersten Etage echtes Kulmbacher Bier genießen. Bereits im Jahre 1538 wird dieser ehemalige alte Gasthof das Haus zur Eule genannt. Seit dem 17. Jahrhundert wird der Name Goldne Eule gebräuchlich. Am Neubau von 1928 – bis dahin bestand das Gebäude in der wiedergegebenen Form – wurde das alte Hauszeichen, eine goldene Eule, wieder eingefügt. Das Haus wurde 1943 ausgebombt, doch das alte Hauszeichen kann noch jetzt über dem Eingang eines Neubaues am Brühl bewundert werden, als Hinweis darauf, daß sich in der Nähe einmal die Bierstube Goldne Eule befand.

55 *Burgkeller (1896; Bruno Bürger und Ottillie)*
Das Stadtwappen auf der Abbildung verweist auf die »Burgkellerfreiheit«; damit war ein der Stadt zugebilligtes Privileg gemeint, das den Alleinverkauf für alles fremde Bier und die Ausübung von Kaufzwang auf Leipziger Bier zum Inhalt hatte. (Burg bedeutet hier ›Stadt‹, es handelt sich also um Räumlichkeiten, die in anderen Städten Ratskeller

oder Stadtkeller heißen.) Der Burgkeller ist das älteste Bierlokal in Leipzig. Er befindet sich jetzt am Naschmarkt 1–3/Ecke Grimmaische Straße. Aus dem Jahr 1419 stammt die erste urkundliche Erwähnung. Der Burgkeller war der Treffpunkt von Zunftmeistern und anderen weniger Privilegierten, die keinen Zutritt zu den Herrentrinkstuben in der Waage erhielten. 1621 stockte man das Haus auf und schuf Zunft- und Brüderstuben. Der Umbau zu einer Gaststätte mit Gasbeleuchtung und fließendem Wasser erfolgte in den Jahren 1857/58. Der gesamte Komplex, wie er sich noch auf der Postkarte darstellt, mußte 1906 dem Bau des Messehauses Handelshof weichen. In seinem neuen, noch jetzt bestehenden Domizil wurde der Burgkeller 1909 in Betrieb genommen; ab 1913 arbeitet er zur Messe als Großküche.

Im Jahre 1943 wurde der Burgkeller durch Kriegseinwirkung zerstört und brannte aus, aber bereits zur Frühjahrsmesse 1947 konnte er nach Umbau wieder eröffnet werden. Heute befindet sich im Keller des als älteste Gaststätte Leipzigs geltenden Burgkellers das rumänische Nationalitätenrestaurant DOINA.

56 *(auch Einband-Vorderseite)*
Hôtel de Saxe (1900; Emil Pinkau)

In früheren Zeiten kam das Hotel de Saxe unter dem Namen Schellhafersches Haus vor, das wegen seiner Säle bedeutenden Ruf genoß. Es war das Absteigequartier des sächsischen Hofes. Erbaut wurde es im Jahre 1717 von einem unbekannten Baumeister. 1809 soll hier Napoleon Bonaparte und 1811 der berühmte französische Marschall Ney gewohnt haben, während im Jahre der Völkerschlacht bei Leipzig, 1813, in den Räumen desselben Hotels die großen Widersacher und Besieger Napoleons, Gneisenau und Blücher, Unterkunft fanden. Das Hotel de Saxe, in der Klostergasse 9 gelegen, war ein sehr bekanntes Haus von beträchtlicher Größe – vier Stockwerke hoch und sieben Fenster breit. Die Bewirtung genügte selbst höchsten Ansprüchen. Später befand sich im Hotel de Saxe der Sitz des Vereins »Vorwärts«, aus dem unter Leitung von August Bebel der Leipziger Arbeiterbildungsverein hervorging. In den zwanziger Jahren unseres Jahrhunderts gab es ein Bummslokal namens Himmel und Hölle, welches in Räumlichkeiten des Hotel de Saxe untergebracht war. Im zweiten Weltkrieg wurde das Hotel de Saxe zerstört, der Abriß der Ruine erfolgte 1960. Jetzt steht hier ein Wohn- und Geschäftshaus mit einer Gedenktafel, die an das Hotel de Saxe erinnert.

57 *Charlottenhof Lindenau*
(1903; Bruno Bürger und Ottillie)

Im Leipziger Westen, in Lindenau, zogen die prächtigen Wasser- und Gartenanlagen viele Besucher an. Inmitten des Gondelteiches spielten in einem Musikpavillon Kapellen auf, das Ganze war von einer Farbenpracht ohnegleichen. Rings auf dem See schaukelten bunte, elegante Kähne. Von der Brücke, die man in origineller Weise als Drachenschlund gestaltet hatte, bot sich am Abend, wenn Tausende von Lichtreflexen aus den Prismen widerstrahlten, ein märchenhaftes Bild. Hier verkehrten die vornehmen Gesellschaftskreise. Wöchentlich fanden zwei Konzerte statt, bei denen es feenhafte Illuminationen und Wasserfeuerwerke als optische Genüsse zu bewundern gab. Der idyllisch gelegene Gesellschaftssaal eignete sich vorzüglich zu Hochzeitsfeiern. Leider versumpfte und verschlammte das Gebiet des Charlottenhofes, bis es im Jahre 1924 zugeschüttet wurde. Seit 1925 befindet sich an dieser Stelle ein Sportplatz, dessen Klubgaststätte noch heute den Namen Charlottenhof trägt – letzte Erinnerung an den einstigen Glanz dieser Vergnügungsstätte.

58 *Monarchenhügel Liebertwolkwitz*
(1904; Franz Zeugner, Liebertwolkwitz)

Der Monarchenhügel bei Meusdorf ist die Stelle, von der aus die drei verbündeten Monarchen Kaiser Franz I. von Österreich, Zar Alexander I. von Rußland und König Friedrich Wilhelm III. von Preußen am 18. Oktober 1813 in der Völkerschlacht bei Leipzig den Kampf ihrer Truppen gegen die napoleonischen Armeen beobachteten, wobei sie Zeugen der außerordentlichen Tapferkeit ihrer Heere wurden. Von dem 161 m hohen Hügel aus hatte man einen prächtigen Überblick über das Schlachtfeld. Im Wirtshaus wurden später Sachzeugen der Schlacht und die Porträts der Monarchen gezeigt. Das ehemalige Restaurant Zum Monarchenhügel mit dahinterliegendem Monarchenhügel-Denkmal beherbergt jetzt eine Kinderkrippe (Leipziger Straße 92).

59 *Rosenthal (1896; Bruno Bürger und Ottillie)*
Das Rosental, ein alter Waldbestand vor den Toren, ging im Jahre 1663 an den Rat der Stadt Leipzig über. Es bildete einen der beliebtesten Erholungs- und Promenierorte der Leipziger Bevölkerung. Seit dem 18. Jahrhundert war dieses »Erholungszentrum im Grünen« ein umfangreicher, von schönen Spazier-, Reit- und Fahrwegen durchschnittener Park mit schattiger Waldung, hübschen Anlagen, einem Teich und prächtigen Wiesen. Auf dem Waldwege nach Möckern stieß man auf den Rosentalhügel (im Volksmund »Scherbelberg« genannt) mit hölzernem Aussichtsturm. Im Rosental befanden sich mehrere Gaststätten. Das Restaurant Bonorand (Bild 42) stand rechter Hand vor dem Rosentaltor, und das Schweizerhäuschen des Schweizers Kintschi (heute zur Zootierschule gehörend) war linker Hand des Eingangs zum Rosental zu finden. Das an der Rosentalbrücke gelegene Mückenschlösschen (Bild 39) und der Kaiserpark Gohlis gehörten ebenfalls dazu. In den Anlagen waren die Marmorstatue Gellerts, die Büste des Liederkomponisten Zöllner und das Fechner-Denkmal zu besichtigen.

60 *Restaurant Sophien-Bad*
(1897; Bruno Bürger und Ottillie)
Das Restaurant Sophien-Bad lag in der Nachbarschaft des Sophienbades, das über ein Schwimmbassin und Anlagen für medizinische Bäder verfügte. Das Restaurant mit Café, Garten und Kegelbahn befand sich in der Dorotheenstraße 5, der heutigen Otto-Schill-Straße. Es existiert, wie auch das Bad, seit den zwanziger Jahren nicht mehr.

61 *Staake's Weinrestaurant*
(1895; M. Vogel, Leipzig)
Vis-à-vis vom Neuen Theater in der damaligen Bahnhofstraße 6 (heute Georgiring, Nähe Jugendmode) konnte man in Staake's Weinrestaurant einkehren und edle Weine genießen. Zahlreiche gastliche Zimmer und Säle luden hier den Besucher zum Verweilen ein. Es galt als beliebter Aufenthaltsort für Pärchen und Nachtschwärmer. Später war es unter dem Namen Tante Anna stadtbekannt. Unter dieser Bezeichnung bestand das Lokal bis zur Neubebauung des Georgiringes in den sechziger Jahren.

62 *Gasthof zum Deutschen Haus Lindenau (1900; Carl Garte)*

Der Gasthof Zum Deutschen Haus in Leipzig-Lindenau, in dem oft Sommerfeste mit Ballmusik durchgeführt wurden, war ein Restaurant- und Ball-Etablissement mit einem sehr bekannten Varieté. Der Gasthof befand sich am Lindenauer Markt 21 (heute Wilhelm-Liebknecht-Platz). Dieses Haus diente kommunistischen Organisationen als Versammlungsort. Am 12. Dezember 1918 fand hier die Sitzung des Arbeiter- und Soldatenrates statt, und am 16. November 1919 versammelte sich in dem Gebäude der Spartakus-Bund. – Nach 1945 hatte das Operettentheater im Deutschen Haus sein Domizil; bis Anfang der siebziger Jahre wurde noch eine Gaststätte betrieben. Auf dem Gelände befindet sich heute das Haus der Volkskunst.

63 *Hôtel Schloss Drachenfels Gohlis (um 1905; Bruno Bürger und Ottillie)*

Bälle und Konzertveranstaltungen lockten die Leipziger in die Hallesche Straße 11 (Georg-Schumann-Straße). Im ersten Weltkrieg wurde das Hotel als Kaserne genutzt. Am 10. Januar 1919 sprach hier Georg Schumann zu geworbenen Freiwilligen des konterrevolutionären Grenzschutzes; dabei wurde eine Resolution angenommen, die verbot, einen deutschen Soldaten zur Unterdrückung der russischen Revolution einzusetzen. Das Haus fiel dem zweiten Weltkrieg zum Opfer.

64 *Panorama (1897; M. Vogel, Leipzig)*

Fast genau an der Stelle, wo sich heute das Bowlingzentrum befindet, stand der 1883/84 errichtete Rundbau des Panoramas (Roßplatz 4–5). Im Haus befanden sich Rundgemälde und Dioramen, die verschiedene Schlachten darstellten; bis 1927 waren sie zu besichtigen. Danach wurde hier eine gutbürgerliche Gaststätte eingerichtet. Das Panorama galt als angenehmer großstädtischer Aufenthaltsort mit Restaurant, Konditorei und Café sowie einem großen Billardsaal im Obergeschoß. Namentlich das Restaurant, von dem das gesamte Obergeschoß eingenommen wurde, erfreute sich als eine der größten Restaurationen in Leipzig allgemeiner Beliebtheit. Durch Bomben wurde das Panorama im zweiten Weltkrieg dem Erdboden gleichgemacht.